풍성한 삶으로의 초대

일러두기

본문에 인용한 성경은 대한성서공회에서 펴낸 새번역판을 따랐으며, 개역개정판을 인용한 경우에는 따로 표기했습니다.

풍성한 삶으로의 초대

김형국 지음

2017년 3월 9일 초판 1쇄 발행
2025년 4월 3일 초판 25쇄 발행

펴낸이 김도완　　　　　　　　　　　　　　　**펴낸곳** 비아토르
등록번호 제2021-000048호(2017년 2월 1일)
주소 서울시 종로구 삼일대로 428, 500-26호 (우편번호 03140)
전화 02-929-1732　　　　　　　　　　　　　**팩스** 02-928-4229
전자우편 viator@homoviator.co.kr

편집 이지혜　　　　　　**디자인** 지은혜　　　　　**일러스트** 임정숙
제작 제이오　　　　　　**인쇄** (주)민언프린텍　　 **제본** 다온바인텍

ISBN 979-11-960265-2-3 03230　　　**저작권자** ⓒ 김형국, 2017

이 도서의 국립중앙도서관 출판예정도서목록(CIP)은 서지정보유통지원시스템 홈페이지(http://seoji.nl.go.kr)와 국가자료공동목록시스템(http://www.nl.go.kr/kolisnet)에서 이용하실 수 있습니다.(CIP제어번호: CIP2017005200)

하나님나라를 향한 여행 안내

풍성한 삶으로의 초대

― 김형국 지음

차례

추천의 말 • 6
프롤로그 새로운 만남을 기뻐하며 • 8

첫 번째 이야기
세 가지 문과 세 가지 장애물 • 13
세 가지 문 | 장애물들 | "솔직한 질문은…"

두 번째 이야기
무신론과 유신론, 소통하시는 하나님 • 31
'신'에 대한 두 가지 입장, 무신론과 유신론 | 유신론적 입장들을 가르는 중요한 축, 소통 | 이스라엘, 예수, '성경'이라는 미디어 | 성경과 함께하는 영적 순례길

세 번째 이야기
진정한 행복의 두 가지 조건 • 51
행복, 모든 인간의 소망 | 행복의 조건 | 하나님이 우리에게 주고 싶어 하시는 것

네 번째 이야기
하나님이 만드신 세상과 오늘날 우리의 세상 • 67
하나님의 원래 계획 | 오늘날 우리의 깨진 세상 | 인간 내면 깊숙이 있는 갈망

다섯 번째 이야기
세상이 깨진 이유와 죄의 본질 • 93
성경이 설명하는 깨진 세상의 원인, 죄 | 죄에 대한 심층적인 설명 | 죄, 어떻게 해결할 것인가

여섯 번째 이야기
하나님의 해결책과 나의 응답 • 119
하나님의 해결책 | 인격적 반응과 그에 따르는 축복 | 우리의 인격적인 반응 | 복음을 들은 사람들이 취할 수 있는 다섯 가지 반응 | 기독교의 기본진리

일곱 번째 이야기
계속되는 우리의 여행 • 149
"나는 시간이 좀 더 필요해요" | "나는 예수님을 주로 삼고 살아갑니다" | 영적 여행의 네 가지 필수 요소 | 계속되는 우리의 여행

에필로그 '하나님나라 복음'으로 열린 길 • 177
부록 '찾는이'를 위한 추천도서 • 181

추천의 말

● 영성으로 넘어가는 문지방의 높이는 사람마다 다를 수 있지만, 높다고 해서 그 문지방을 피해 돌아갈 방법은 없습니다. 진리와 구원에 목마를수록 회의와 망설임은 더욱 거세게 밀려오기 마련입니다. 문지방에 걸터앉아 두려움에 떨고 있는 우리에게 필요한 언어는 꾸중이 아닌 포옹입니다. 이 책이 영성으로 인도하는 훌륭한 길잡이인 까닭은, 어머니의 가슴처럼 따뜻한 메시지로 가득하기 때문입니다. 교훈과 훈계조의 강권이 아닌, 사랑으로 사람들의 마음을 열게 하는 이 책이 영성의 문지방을 넘으려는 우리 모두를 위한 디딤판으로 소중히 쓰였으면 좋겠습니다.

_이어령 • 초대 문화부 장관, 《지성에서 영성으로》 저자

● 저는 이 책을 읽고 앞으로 저의 주변에 치열한 구도자나 진지한 진리 추구자가 있으면 이 책을 서슴없이 추천해야겠다고 생각했습니다. 그동안 우리는 C. S. 루이스나 존 스토트의 도움을 많이 받았습니다만, 한국인의 심장과 한국인의 언어를 가지고 여전히 글로벌한 보편적 지성에 입

각하여 우리가 믿는 성경적 기독교를 친절하고 설득력 있게 소개할 만한 책을 그리워했습니다. 그런데 김형국 목사님이 이런 숙제를 해결해준 것을 너무나 기쁘게 생각합니다. 여기 진실로 김 목사님이 초대하는 진리의 샘터에서 우리는 그동안 목마르게 찾던 풍성한 삶의 생수를 경험하게 될 것입니다. 저는 당분간 제가 만날 구도자 친구들을 생각하며 이 책을 여러 권 필수 지참물로 동반할 것 같습니다. _이동원 • 지구촌교회 원로목사, KOSTA 국제 이사장

● 막연하기만 했던 하나님…. 그럼에도 나는 가끔씩 기도를 하고는 했습니다. 결혼하여 아이를 갖고 나서 이 하나님을 더 이상 거부할 수 없음을 알았습니다. 남편을 따라 나들목교회에 와서 '풍성한 삶으로의 초대' 강좌를 들으면서 하나님이 어떤 분이신지 알게 되었고, 그분을 나의 주인으로 모셔들였습니다. 막 자라나기 시작한 영적 갓난아이이지만, 이제 머리가 아닌 몸뚱이로 예수님을 더욱 알고 따르고 싶다는 생각이 간절합니다. 막연하게 신을 생각하고 있는 분들이 있다면, 이 작은 책을 통해 하나님에 대해 진지하게 고민해볼 것을 조심스레 추천합니다.

_전혜진 • 배우, 이선균의 아내

프롤로그

새로운 만남을 기뻐하며

인생의 어떤 길을 걸어 어느 길목을 지나 오늘 여기에 이르렀든, 여러분과 제가 이 작은 책을 통해 만나게 되어 참 기쁩니다. 오랜 인류 문명에서 셀 수 없이 많은 사람들, 그 가운데 있는 수많은 만남 가운데서, 이렇게 책을 통해서라도 만날 수 있다는 것은, 인간만이 누릴 수 있는 감격이며 축복이 아닐까요?

글을 시작하기도 전에 여러분과의 만남에 기대가 생깁니다. 그 이유는 이 책에서 제 인생의 수많은 만남 가운데서도 가장 중요한 만남을 이야기하려 하기 때문입니다. 저만이 아니라, 우리 앞서 걸어간 수많은 사람들이 이 놀라운 만남을 경험했고, 이 만남을 통해 인생의 의미를 찾고 자신만의 인생길을 멋지게 걸어갔습니다. 그중에 적지 않은 사람들이 동시대인들에게 자신만의 언어로 이 만남에 대해 설명하려고 애를 썼지요. 이 만남이 너무도 소중했기 때문입니다.

사실, 인생이란 삶의 의미와 궁극적 진리를 찾아가는 여정이 아니겠습니까? 삶의 의미에 대해 질문하지 못할 정도로 하루하루 살기가 힘든 사람이든, 반대로 사는 것이 너무 재미있는 사람이든, 순간순간 찾아오는 "사는 것이 도대체 뭘까?", "이렇게 살아도 되는 것인가?"라는 질문에서 자유로운 사람은 없습니다. 우리는 모두 적극적으로든 소극적으로든 삶의 의미를 묻거나 찾고 있습니다. 아마, 이것이 인간과 동물의 가장 큰 차이일 것입니다.

저는 젊다고 하기에는 어린, 10대 후반에 이 만남을 갖게 되는 축복을 누렸습니다. 그때부터 지금까지 40년 가까운 세월 동안, 그 만남을 통해 만난 그분과 함께, 그분을 따라 여행을 해오고 있지요. 이 여행길에서 저는 많은 사람을 만났고, 가능하면 모든 사람이 이 만남을 갖고 자신이 그토록 찾고 싶었던 인생길을 찾아 걸어가도록 돕곤 했습니다.

그 과정 중에 사람들의 여러 진실한 질문을 접하고, 적지 않은 경우 제 속에서 마주쳐 공명하는 물음들을 함께 고민하기도 하면서 여기까지 걸어왔습니다. 저는 이 여행길에서 때로 동반자가 되기도 하고, 때로 인도자가 되기도

했습니다. 그러면서 우리 인생에 치명적으로 중요하고도 아름다운 이 만남을 돕는 이야기를 글로 풀어놓아야 한다는 빚진 마음을 늘 품고 있었습니다. 이 이야기는 많은 철학자와 신학자들이 평생 씨름할 만큼 심오하지만, 특별한 교육을 받지 않은 사람도 이해할 만큼 단순합니다. 이 심오하지만 단순한 진리를 사람들과, 그것도 사랑하는 사람들과 나누는 일은 부담스러울 수도 있지만, 더 이상 미룰 수 없다고 여겨서, 여기서 일곱 번의 이야기로 나누어 담아보려 합니다.

여러분은 이 책이나 이 책과 관련된 동영상으로 그 이야기를 만날 수 있지만,* 가장 좋은 방법은 이 책과 만나도록 여러분을 초대한 사람들, 또는 이미 이 길을 걸어가고 있는 진실한 길벗과 함께 그 이야기를 나누는 것입니다. 각 이야기가 끝날 때마다, 몇 가지 질문들을 붙여보았습니다. 그 질문들에 대해 여러분의 친구들과 대화를 나눌 수 있다면, 결과에 관계없이 친구와의 더욱 깊은 우정, 마음속 깊은 고민들을 함께 나눌 수 있는 길벗을 얻게 될 것입니다.

이 책을 몇 번 만나서 소화할 것이냐 하는 것은, 여러분 각자의 속도에 맞추시면 됩니다. 자신의 속도란, 이 주제들을 소화하여 자신에게 정직한 답을 하기에 너무 급하지도 않고, 또 추구의 끈이 끊어질 만큼 늘어지지도 않을 정도를 뜻합니다. 제 경험으로는 3주 동안 일주일에 한 번씩 만나 이야기 두 개를 읽고 대화를 나누는 정도가 적당하다고 생각하지만, 그 속도는 여러분의 진실한 추구에 가장 적절하게 잡아보십시오. 자, 이제 저와 함께, 여러분의 길벗과 함께 이 길을 가보실까요?

• http://www.imseeker.org에는 이 글과 관련된 강의와 FAQ 등이 동영상으로 올라와 있습니다.

첫 번째
이야기

세 가지 문과
세 가지 장애물

제가 가이드로서 깨달은 것은,
삶의 의미를 추구하는 일에 집중하는 것이
여행자들에게
가장 유익하다는 것입니다.

풍성한
삶으로의
초대

지금껏 제가 이 여행의 가이드로 수천 명의 사람들과 이야기를 나누면서 발견한 것이 한 가지 있습니다. 그것은 이 여행의 출발점, 즉 진지한 구도의 출발점이 사람마다 다르다는 것이었습니다. 세 개 정도 각기 다른 문이 있다는 것을 발견하였는데, 이 문들은 서로 연관되어 있어서 다음과 같이 세 원으로 표현할 수 있습니다.

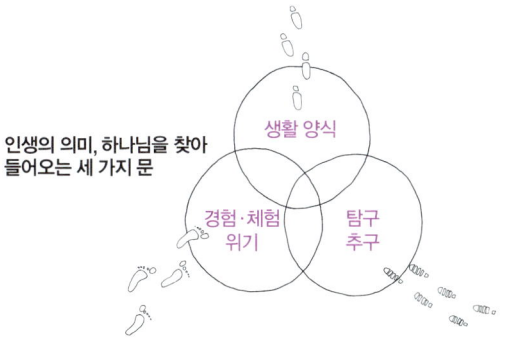

인생의 의미, 하나님을 찾아
들어오는 세 가지 문

세 가지 문

먼저 태어날 때부터 기독교인인 사람들이 있습니다. "입에 십자가를 물고 태어난" 사람들이라고 표현할 수 있을까요? 이들은 아주 어릴 때부터 하나님에 대한 이야기를 들으며 자랐기에, 자신이 믿고 안 믿고를 떠나서 그냥 기독교적인 환경에서 기독교인으로 살아갑니다. 우리는 이런 사람을 '모태신앙'이라고 부르기도 하죠. 다시 말해, 태어날 때 그냥 기독교인이 되어 문화적으로, 생활의 일부로 기독교를 받아들인 사람들입니다.

또 어떤 사람들은 인생의 위기나 어떤 특별한 경험을 통해서 하나님을 알아가기 시작합니다. 이들은 세상에서의 실패, 어려운 관계, 건강 악화 등으로 하나님을 찾게 됩니다. 이때 이들은 자신의 한계를 경험하거나 인생의 고통을 경험하고 진지한 질문을 던집니다. 또는 이런 실존적인 경험과 함께(혹은 이와 무관하게) 아주 신비한 체험을 하거나 어떤 새로운 깨달음, 눈이 열리는 경험을 통해서 하나님을 찾게 되는 사람들도 가끔 있습니다.

또 어떤 사람들은 어떤 생활양식을 갖고 있지도 않고 체험도 하지 않았지만, '삶의 의미가 무엇인가?', '도대체 왜 살아야 하는가?'하는 질문을 하면서 하나님을 만나기도 합니다. 인생에 특별한 문제가 있지는 않지만, '이렇게 그냥 살아가는 것은 아니다'라는 생각이 들어, 도대체 산다는 것이 무엇인지에 대한 의미를 추구하다가 하나님을 알아가는 축복을 누립니다.

그런데 제가 발견한 재미있는 사실은 어느 문으로 들어왔든 이 세 가지 요소는 다 필요하다는 것입니다. 태어날 때부터 문화적으로 기독교인이 된 경우를 생각해보십시오. 소위 '모태신앙'이라는 이들의 경우, 우스갯소리로 이들이 왜 모태신앙이냐 하면 신앙생활을 잘 못해서(모태서) 그렇다고 말하기도 합니다. 이들은 문화적으로만 기독교인이지, 지적으로 동의하지도 않았고, 특별한 경험도 없습니다. 그래서 고등학교를 졸업할 때쯤이면 대부분 교회를 떠납니다. 기독교가 삶에 의미를 주지 못하고, 그저 어릴 적부터 세뇌된 어떤 문화일 뿐이기 때문입니다. 그래서 학교를 졸업하면서 기독교도 함께 졸업해버리는 거죠. 조숙한 사람은 중학교를 마치면서 벌써 졸업하기도 합니다. 이들은 기독교라는 진리가 자신의 삶에 의미를 준다는 것을 깨달아야 할 뿐 아니라, 그것이 삶의 체험으로 나타나야 합니다. 이것은 선순환의 과정이죠. 그래서 삶의 방식으로 하나님을 알았다 할지라도 나머지 과정이 반드시 필요합니다.

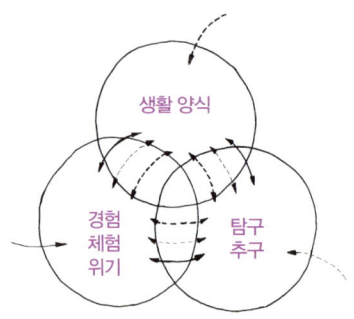

특별한 경험이라는 문으로 들어온 경우도 생각해봅시다. 체험은 특별한 것이지만, 그 경험은 오래가지 못합니다. 절박해서 하나님을 찾고 경험했다 해도, 그 내용을 지적으로도 이해해야 하고, 그것이 자신의 삶이 되는 과정이 반드시 필요합니다.

마찬가지로 추구를 통해서 진리를 깨달았다 할지라도, 거기에 체험이 더해지지 않고 삶의 양식이 변화되지 않으면, 머리만 커진 기독교인이 됩니다. 지식과 삶이 분리되어 결국은 오래가지 못하고, 깨달은 진리는 빛이 바래버립니다.

진리는 통합적입니다. 어느 문으로 들어왔든 상관없습니다. 중요한 것은, 세월이 지나면서 이 모든 것이 한 부분 한 부분 심화되고 그것이 선순환되는 과정을 겪을 때, 우리 여행은 정말 의미와 가치가 있게 된다는 것이지요.

이 책의 한계점은 여기에 있습니다. 짧은 이야기 일곱 편에서, 모험 가득한 이 여정을 다 다룰 수는 없습니다. 사실 이 여정은 이 책에서 끝나지 않고 평생 계속됩니다. 특별히 생활양식과 관련된 부분은 6주가 아니라 60년 이상 지속되어야 합니다. 체험이라는 것도 사람마다 다르고, 체험하는 방식도 다릅니다. 인간의 체험이란 인위적으로 조작할 수 있는 위험이 있기에, 이 또한 이 책에서 다루기에는 바람직하지 못합니다.

제가 가이드로서 깨달은 것은, 삶의 의미를 추구하는 일에 집중하는 것이 여행자들에게 가장 유익하다는 것입니다. 삶의 의미에 대한 답이 정리되면, 자신이 겪고 있는 여러 문제에 대해 답을 얻고, 그것이 자연스레 체험으로 연결되곤 합니다. 또 깨달은 진리를 마음으로 받아들여 살아가면, 시간이 지나면서 자신이 얻은 해답이 인격과 삶의 양식으로 심화될 것입니다. 그 답이 진정한 답이라면 말입니다.

장애물들

이제 우리 인생의 의미를 찾는 여행을 시작해야겠는데, 참으로 안타까운 일이 한 가지 있습니다. 그것은 이 여행을 제대로 시작하지도 못하게 하는 장애물들이 있다는 것입니다. 심오하지만 단순하여서 우리를 인생의 새로운 출발점에 설 수 있게 해주는 진리가 분명 있는데, 이 핵심 진리에 다가가지 못하게 가로막는 장애물들이 있습니다. 이 장애물들은 그 진리의 내용을 깊이 고민해보고 진실하게 반응할 수 있는 기회를 앗아가버립니다. 저는 많은 사람들과 대화하면서, 하나님과 진실한 관계를 맺지 못하게 만드는 이 장애물들을 먼저 다루어야 함을 알게 되었습니다. 이처럼 사람들이 자주 만나는 장애물을 세 가지로 요약할 수 있습니다. 이제 그 장애물을 한 가지씩 이야기해보지요.

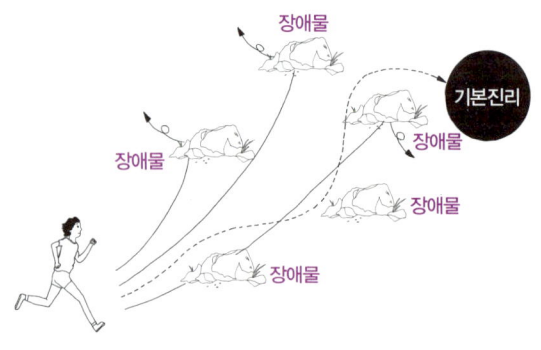

첫 번째, 기독교인과 교회가 만들어놓은 장애물

먼저, 기독교 교회와 기독교인들이 만들어놓은 장애물입니다. 가장 슬프고 안타까운 장애물이지요. 이 장애물은 여러 모양으로 나타납니다. 먼저, 언행일치가 되지 않는 기독교인들의 모습, 즉 위선이 있습니다. 인간이라면 누구에게나 어느 정도 위선이 있지만, 기독교인들이 말하고 믿는 내용이 고상하니 그 위선의 폭은 더 커집니다. 더군다나, 심오한 기독교를 겉모습이나 일부분만 이해한다거나, 더 나아가서 그 내용에 자신의 욕망을 투영하여 자신이 원하는 부분만 받아들여서 일종의 왜곡이 일어나기도 합니다. 그래서 하나님을 알지 못하는 사람들은 기독교인들의 말과 행동을 듣고 보면서 그 진위를 의심할 뿐 아니라 혐오감을 느끼기까지 합니다.

일부 기독교인이나 교회가 자신들이 어떤 독점적이고 배타적인 진리를 알고 있다는 태도를 보일 때 문제는 더욱 악화됩니다. 심한 경우에는, 진리를 독점하고 있다는 태도를 넘어서 무례한 모습을 보여주기도 합니다. 진지한 순례자들은 그런 모습들을 보면서 고개를 갸우뚱거리거나, 아예 기독교인들이 말하는 내용을 대안으로 여기지 않게 됩니다.

저는 이 부분이 참으로 고통스럽습니다. 기독교의 핵심 진리 중 하나는, 우리가 믿는 바가 삶으로 드러날 때에야 참된 진리라는 것입니다. 말만 있지 실제 삶이 없는 모습이 오늘날 한국 교회에 너무 자주 나타나서, 기독교 신앙을 대안으로 여기지 않을 뿐 아니라, 한국 사회의 진보를 가로막는 존재로 한국 교회를 지적하기까지 하는 것은, 이 길의 안내자로서 난감함을 넘어서 고통스러운 일입니다.

이것은 제가 만난 많은 길벗들에게 가장 큰 장애물이었습니다. 저는 이런 장애물 때문에 아예 이 길을 쳐다보지도 않거나 발길을 돌리려는 분들에게 영어 속담 하나를 소개하곤 합니다. "목욕물과 함께 아이를 내버리지 말라 Don't throw the baby out with bath water"는 말이지요. 분명히 기독교 주변에는 구정물이 참 많습니다. 현재에도 있고 과거에도 있었습니다. 그런데 이런 구정물 가운데 기독교의 핵심 진리가 있습니다. 목욕하는 아주 순결한 아이가 있는 것처럼 귀한 진리가 있는데, 주변에 있는 구정물 때문에 이것을 보지 못하는 것은 정말 가슴 아픈 일입니다.

제가 사과할 수 있는 위치에 있는지는 모르겠지만, 기독교인의 한 사람으로서 이런 구정물을 만들어낸 저와 우리 한국 교회, 부족했던 기독교 역사의 일부분에 사과할 수밖에 없습니다. 물론 이것이 기독교 전체의 문제는 아니고 또 과장된 면이 있다 할지라도 이런 구정물이 존재하는 것은 사실입니다. 그러나 이 구정물은 진리 자체에서 온 것이 아니라, 그것을 받아들여 자신의 이익을 위해 오용하고 악용한 사람들로 인한 것이었습니다. 이런 구정물에도 불구하고 그 속에는 아주 건강하고 아름다운 진리가, 과거뿐 아니라 오늘도 여전히 건재하고 있습니다. 또 이 진리대로 살기 위해 애쓰는 사람들과 공동체가 지금도 적지 않습니다. 여러분에게 이 책을 권유한 분도 그런 분일 가능성이 높습니다. 그래서 여러분이 이 책을 여기까지 읽고 계신 것이지요. 안타까운 마음으로 다시 한 번 권합니다. "구정물과 함께, 목욕물과 함께 아이를 버리지 마십시오."

두 번째, 지적 장애물

두 번째 장애물은, 지적 영역과 관련이 있습니다. 아시다시피, 인간의 지성사는 계속 변합니다. 문화 역시 지속적으로 새로운 옷을 입으며 변하고 있습니다. 이러한 풍토에서 사람들은 진리를 이해하려고 시대마다 다양한 시도들을 해왔고, 이러한 수고가 인간의 철학사·문명사·종교사에 축적되어 나타납니다. 특별히 과학이 발전한 요즘에는 과학적 사고를 중요하게 여기고, 또 이성이 지배하는 합리주의적 세계관이 주도하는 시대에는 이성적으로 모든 것을 이해하는 것이 매우 중요했습니다. 최근에는 이성에 절대 권위를 부여하는 것에 대해 회의적인 분위기가 일어나고 있어, 지난 200여 년간 우리 사회를 지배하던 사고방식과 문화에 변화가 예상되기도 합니다만, 각 시대마다 진리를 찾아가는 방식이 다르다는 것은 알 수 있습니다.

그런데 기독교는 유일하고 보편적이고 변하지 않는 진리가 있다고 전제합니다. 보편적이고 절대적인 진리가 있다고 믿었던 시대도 있었지만, 과거에도 그 모양과 강조점만 다를 뿐 그런 것이 없다고 생각하는 시대가 존재했습니다. 그러므로 인생에 대해서, 성경이 말하는 진리에 대해서, 각 시대에 자신이 처한 상황에서 질문하는 것은 당연한 일이고, 이런 질문에 기독교인과 교회는 성실하고 진실하게 답해야 합니다. 이러한 질문들에 적절한 답을 함께 찾지 않으면서 "무조건 믿어라"라고 말하는 것은 지적 태만이며 나아가 지적 폭력입니다. 이런 자세 때문에 많은 사람이 근본 진리에 대해서 고민도 해보기 전에 아예 포기해버립니다. 지적으로 자살을 하면서, 어떻게 진리와 인생의 의미를 찾을 수 있다는 말입니까? 모든 것을 이해하고 설명할 수는 없다 하더라도, 우리는 우리 인생을 걸 수 있을 정도로 우리를 설득하는 진리를 찾고 있습니다. 인생 여정의 나침반이 될 수 있는 그런 진리를 찾으려 한다면, 우리의 질문은 언제나 타당합니다. 우리는 진실하고 겸허하게 질문해야 합니다.

이 질문들은 각자의 고민의 방향이나 깊이, 그 사람의 독서와 사람들과의 대화의 양에 따라 매우 다릅니다. 여러분 각자에게 질문들이 있다면, 그 질문에 한번 답을 찾아보는 것이 필요하겠습니다. 어떤 사람은 3~4분만 설명을 들어도 크게 도움을 얻을 수 있습니다. 어떤 사람은 한두 시간 강의를 들어야 할지도 모르고, 또 어떤 사람은 책을 몇 권 읽어야 해갈이 되는 사람도 있습니다. 그래서 저는 사람들이 이런 영적 여행을 하면서 가장 자주 던지는 질문들을 추려서 각 질문마다 아주 짧게 3~4분 정도 답을 했습니다(imseeker.org). 충분하지는 않아도, 방향을 찾는 데 도움이 될 것입니다. 이와 함께, 좀 더 긴 강의나 읽을 수 있는 책들에 대한 자료도 첨부하였습니다. 여러분이 가진 질문들에 답을 찾는 데 조금이나마 도움이 되기를 바랍니다.

세 번째, 실존적 장애물

마지막 범주에 속하는 장애물은 개개인이 겪는 고통과 관련이 있습니다. 우리 인생은 겉으로는 다 멀쩡해 보이지만, 내면에 많은 고통이 있습니다. 자신의 잘못된 선택과 실수가 불러온 고통이나 자신에게 불가항력적으로 닥친 고통이 있을 때, 마음속에 이런 생각이 듭니다. '어떻게 나에게 이런 고통이 있을 수 있는가? 하나님이, 선한 하나님이 있다면 왜 이렇게 부조리하고 고통스러운 일을 나한테 주었는가? 내가 실수하고 잘못했다 해도, 내가 책임지기에는 너무 무거운 결과가 아닌가? 하나님은 사랑이라면서 왜 이렇게 나를 힘들게 만드나?' 좀 어려운 말로는, 실존적 고통의 경험이라고 할까요? 이런 깊은 고통이 있는 사람들이 있습니다.

고통은 어쩌면 우리에게 필요악일지도 모릅니다. 고통이 없다면, 우리는 행복한 애완동물처럼 살지 않았을까요? 철학과 예술, 종교적 추구, 인간이 이룬 수많은 업적이 이 고통 때문인 것을 우리는 압니다. 고통을 승화시킨 인격만이 늘 다른 사람들을 품고 사랑하는 것을 봅니다. 주변 사람들, 아니 나 자신만 보더라도 고통은 우리를 파괴하기도 하지만, 제대로 사용하면 우리를 성숙하게 만듬니다.

뿐만 아니라, 실존적 고통은 우리로 하여금 우리 자신과 인생과 세상을 정직하게 볼 수 있게 합니다. 실존적 고통은 우리가 하나님의 진리에 다가가는 일을 방해하기도 하지만, 디딤돌이 되기도 합니다. 성경은 이 고통의 문제를 매우 심도 있게 다루는데, 이 문제는 네 번째와 다섯 번째 이야기에서 좀 더 다룰 것입니다.

"솔직한 질문은…"

마지막으로, 이 여행을 먼저 떠난 한 사람으로, 저에게 매우 중요했던 인생의 모토를 한 가지 말씀드리고 싶습니다. 저는 사실 대학교 1학년 때 이 모토를 얻었습니다. 고등학교 1학년 때 하나님을 알게 된 저는 대학교에 들어가면서, 제가 제대로 아는 것이 없다는 사실을 깨달았습니다. 철학책도 제대로 읽은 적이 없고, 인문과학을 공부한다고 들어왔지만 인문과학도 잘 모르고, 문명에 대한 이해도, 다른 종교에 대한 이해도 없으면서 "기독교가 진리"라는 깨달음만 있었거든요. 깨달음은 있었지만 제겐 아직 해결되지 않은 질문이 너무 많았습니다.

궁금한 것들이 무척 많았는데 대다수 사람들은 "묻지 말고 믿기만 해라"라고 했습니다. 받아들이기 힘들었습니다. 어떻게 묻지도 않고 진리라는 것을 알 수 있다는 말입니까? 그러다가 대학교 1학년 때 매우 소중한 분을 만났습니다. 직접 만나지는 못했고요. 제가 여러분을 책으로 만나듯, 저도 그분을 책에서 만났습니다. 프랜시스 쉐퍼Francis A. Schaeffer라는 분이었습니다. 기독교 변증 철학자 정도로 소개할 수 있는 그분의 책을 읽다가 이런 표현을 만났습니다. "솔직한 질문을 하면 솔직한 답변이 주어진다." 솔직한 질문을 하면 반드시 주어진다, 무엇이? 솔직한 답변이. 아! 이 말은 제 인생에 소중한 모토가 되었습니다.

그 이후로, 성경에 대해서, 인생에 대해서, 세상에 대해서, 역사에 대해서, 하나님에 대해서 얼마든지 자유롭게 질문할 수 있게 되었습니다. 그렇게 해서 지난 40년 동안 성경을 통해서 많은 답들, 매우 적절하고도 심오한 답을 찾았습니다. 저와 함께 이 책을 통해 여행하는 여러분에게 이 점을 부탁하고 싶습니다. 솔직한 질문을 던지면서 이 여행길을 함께 가보자는 것입니다. 저의 솔직한 질문이 답을 얻었던 것처럼, 여러분의 솔직하고 진실한 추구에 답이 있을 것입니다. 그 답을 해줄 진실한 존재가 계시다면 말입니다.

나눔 질문

1. 당신은 '기독교에 들어오는 세 가지 문' 중 어느 곳을 통해 들어와 있습니까? 지금은 어떤 과정에 있습니까?

2. 당신이 하나님을 알아가는 과정을 가로막고 있는 장애물이 있습니까? 만약 그렇다면, 그 장애물은 무엇입니까?

두 번째 이야기

무신론과 유신론, 소통하시는 하나님

하나님이 인간과 먼저 소통하셨습니다.
이 소통이 있었기에 인간이 하나님에게 반응할 수 있습니다.
이것이 기독교의 핵심 전제로,
다른 종교와는 크게 다른 부분입니다.

> 풍성한
> 삶으로의
> 초대

이제, 우리가 어느 문으로 들어와서 지금 이 자리에 있는지 알았고, 우리가 마주친 장애물이 무엇인지를 살펴보고 그것들을 넘어설 준비가 되었다면, 이제 기독교의 기본 진리를 알아볼 차례입니다. 이 이야기를 시작하면서 우리가 먼저 질문해야 할 것이 있습니다. 그것은 바로, 하나님이 존재하시는지 여부와 우리가 어떻게 그 하나님을 알 수 있느냐 하는 질문입니다. 이것은 일종의 신념 또는 세계관이라고 할 수 있습니다.

 하나님은 정말 존재할까요? 만약 존재한다면 그 하나님은 어떻게 알 수 있을까요? 요즘 대체적으로 받아들이고 있는 가설 중에 우주의 기원, 시초에 대한 이론으로 빅뱅 이론이 있습니다. 빅뱅 이론에서는 약 140억 년 전에 우주가 시작되었다고 봅니다. 만약 신이 정말 존재하고 그 신이 우주를 만든 존재라면, 그 신은 적어도 140억 년 전에도 존재해야 합니다. 그런데 한 점에서 시작되어 지금은 그 끝을 알 수 없는 광활한 우주를 만드신 신을, 이 거대한 우주에 비하면 조그마한 먼지 정도밖에 되지 않는 은하계에서, 또다시 그 중에서도 손톱만 한 태양계, 그곳에 있는 여러 행성 가운데 하나인 지구에 사는 내가 어떻게 알 수 있을까요? 우주에 대한 탐구가 눈부시게 발전하고 있음에도 그 끝을 알 수 없는데, 이 우주를 창조한 신을 우리가 어떻게 알 수 있을까요? 이 궁극적 존재인 신과 관련해서는 몇 가지 입장이 있습니다.

'신'에 대한 두 가지 입장, 무신론과 유신론

첫 번째는, 신이라는 존재가 아예 없다고 생각하는 입장입니다. 이와 같은 입장을 총칭해서 무신론이라고 부를 수 있는데, 무신론에도 다양한 설명이 있습니다. 무신론을 조금 단순하게 설명하자면, 물질이 아주 오랜 시간 동안 우연이라는 방식을 통해 오늘날 우리가 경험하는 이 우주로 존재하게 되었다고 보는 것입니다. 언제부터인지 모르지만, 원래 물질이 있었고 이 물질이 수백억 년을 지나면서 우연에 의하여 이합집산을 거듭하다가 오늘날 우리가 보는 모든 것이 되었다는 것이지요. 이렇게 표현할 수 있을까요?

물질 + 시간 + 우연 = 존재하는 모든 것

물론 매우 단순화한 설명이지만, 이것이 오늘날 많은 무신론자들이 자신과 세상을 이해할 때 가장 기본이 되는 전제점입니다. 이러한 세계관에 따르면 궁극적 진리나 선이라는 것은 존재하기가 쉽지 않습니다. 모든 것이 오랜 시간에 걸쳐 우연히 형성되기 때문입니다.

두 번째는, 신이 이 우주를 만들었다는 입장입니다. 우리가 경험하는 이 세상은 신이 의도적으로 질서 있게 창조하였고, 인간도 그중 하나라는 것이지요. 세상 만물은 우연히 존재하게 된 것이 아니라, 인격적인 존재가 특별한 의도와 계획을 가지고 창조했다고 보는 관점입니다.

이렇게 이야기하면, 많은 사람들이 유신론은 종교적 입장이라 보고, 무신론적인 설명은 과학이라고 생각합니다. 그러나 이는 과학을 조금 잘못 이해해서 생긴 오해라고 할 수 있습니다. 과학은 사람들이 세상을 이해하기 위해 만들어낸 꼭 필요한 방법 중의 하나이지만, 과학으로 모든 질문에 답을 얻을 수는 없습니다.

예를 들어, "신이 있다는 것을 증명하면 난 기독교인이 되겠어"라고 말하는 사람들이 있습니다. 이들은 "신이 있는 것, 증명하지 못하잖아? 그런데 어떻게 신을 믿어?"라고 질문합니다. 그러면 저는 되묻습니다. "그렇다면, 당신은 신이 없다는 것을 증명할 수 있습니까?" '신이 있다, 없다'는 것은 증명할 수 있는 문제가 아니라, 신념 체계 또는 세계관이나 전제점과 관련된 것입니다. 이런 신념 체계, 세계관, 전제점은 우리가 철저하게 믿고 받아들이는 것입니다. 신의 존재 여부는 과학이나 종교의 문제가 아니라 개인마다 가지고 있는 전제점, 세계관의 문제라는 것이죠.

그래서 아인슈타인은 "과학과 종교는 대립하는 것이 아니다. 과학이 없는 종교는 장님이며, 종교가 없는 과학은 절름발이이다"라고 얘기했습니다. 종교와 과학은 서로 보완하는 관계입니다. 과학이 눈에 보이고 검증할 수 있는 대상을 연구한다면, 종교는 눈에 보이지 않는 대상, 특히 의미에 대한 질문을 한다고 말할 수도 있겠습니다. 이런 면에서 과학과 종교는 우리가 사는 세상을 이해하는 데 꼭 필요한 존재이지요.

최근에 아주 극단적인 진화론 옹호자인 리처드 도킨스 같은 학자는 종교와 과학을 계속 대립시키고 있습니다. 그래서 진화론자들 가운데서도 도킨스의 극단적 대립이 도움이 되지 않는다고 비평하는 사람이 적지 않습니다. 반대로 성경의 가르침을 과학적으로 증명하려는 사람들도 있습니다. 성경에서 하나님이 인간을 포함한 세상을 창조하셨다고 주장하는 것은 맞지만, 그 성경을 과학 교과서로 여기는 것은 또 다른 문제를 불러옵니다.

저는 많은 철학자들이 주장하는 것처럼, 이 무신론과 유신론은 증명할 수 있는 문제가 아니라 각 개인이 선택해야 할 문제라고 생각합니다. 우리는 인생의 어느 시점엔가는 진지하게 질문을 던져야 합니다. "정말 나를 포함한 주변의 모든 것이 물질과 시간과 우연에 의해서 몇십억 년이나 되는 오랜 시간 동안 형성된 것인가? 그렇다면 나는 죽으면 다시 물질로 돌아가는 그런 존재, 무로 돌아가는 존재인가? 나의 정신도, 도덕도, 미적 감각도 다 이렇게 생성

된 것인가? 아니면 나라는 존재는 어떤 특별한 분에 의해서, 어떤 신에 의해서 만들어졌는가? 어떤 특별한 원리에 의해서 내가 지음을 받았는가?" 이것은 전제의 문제이며, 선택의 문제입니다.

유신론과 무신론의 대립은 오랜 역사를 가지고 있습니다. 그러므로 이 작은 책에서 이 논쟁의 역사를 더 깊이 논의하는 것은 적절하지 않습니다. 이 주제를 본격적으로 다루려면 다른 책을 저술해야 할 것입니다. 여기까지 읽은 독자들 가운데 이 주제를 더욱 진지하게 고민하고 싶으신 분들은 이 주제를 다룬 책들을 읽어보실 것을 추천합니다. 저는 개인적으로 독서와 사색과 토론을 통해서, 무신론적 기원으로 나의 존재를 설명하는 것보다 유신론적 전제로 해석하는 것이 훨씬 유익하다는 결론에 이르렀습니다. 이런 지적 고민을 유예한 상태에서, 있을지 없을지 모를 신에 대해서 이야기하는 것은 사상누각沙上樓閣이 될 공산이 큽니다. 완벽하지는 않더라도 이 전제점을 진실하게 고민하는 것이 꼭 필요합니다.

유신론적 입장들을 가르는 중요한 축, 소통

이제, 신이 세상을 창조했다는 전제를 받아들인다면, 우리에게 닥친 또 다른 큰 문제는 이 신을 어떻게 알 수 있는가 하는 것입니다. 우리는 그다지 똑똑하지도 않고 인식력이 뛰어나지도 않은데, 어떻게 이 광활한 우주와 시간이 존재하기 이전의 존재인 신을 알 수 있을까요? 유신론적 입장도 두 가지로 나눌 수 있는데, 저는 '소통communication'이 유신론적 입장들을 가르는 중요한 축인 것을 발견했습니다.

여기서도 조금 단순화해서 말한다면, 인간의 입장에서 본 신에는 두 종류가 있습니다. 소통하는 신과 소통하지 않는 신이 그것입니다. 인격적 신이라고 하든, 절대 진리라고 하든, 도道라고 하든, 그 존재가 인간과 소통한다는 입장과, 소통하지 않는다(또는 소통할 수 없다)는 입장이 있습니다.

최근에 많은 사람이 관심을 보이는 동양 철학은 인간의 언어로는 신과 소통이 불가능하다고 봅니다. 불교, 도교 등 동양의 일반적 사상들은 신이라는 인격적 존재가 존재한다고 생각하지 않습니다. 어떤 궁극적 진리가 있다고는 하지만 그 궁극적 진리가 인간과 소통하지는 않습니다. 그래서 인간 스스로 이것을 알아가야 합니다. 인간이 여러 방법으로 이 진리를 알아가기 위해서 애쓰고 수고해야만 합니다.

사실 세상 대부분의 종교가 이런 자세를 가지고 있습니다. "인생의 의미가 정말 무엇인가? 살다가 죽는다는 것의 의미가 도대체 무엇인가? 인생에는 왜 이렇게 고통이 많은가? 선과 악은 어떻게 볼 수 있고 어디서 기인하는가?" 끊임없이 이런 질문들을 던지고 그 답을 생각하고 명상하고 책을 읽고 토론하는 과정에서 고등 종교가 만들어집니다. 모든 문화의 중심에는 이런 고등 종교들이 있습니다. 이것은 불교나 도가의 기본 개념이기도 합니다. 신이 우리에게 진리를 알려주지 않기 때문에 인간 스스로 깨달아야 한다는 것입니다.

불가에서 쓰는 말 중에 조선조에 들어와 불교를 비하하기 위해 변형된 표현으로 '언어도단言語道斷'이라는 말이 있습니다. 이는 말의 길이 끊겼다는 표현으로, 참된 해탈의 경지, 깨달음의 경지에 이른 사람들이 그 경지를 말할 때 쓰는 표현이었습니다. 그 경지는 말로 설명되지 않는다는 것이죠. 도덕경은 '도가도비상도 명가명비상명道可道 非常道

名可名 非常名'이라는 말로 시작합니다. "도를 도라고 부르면 이미 도가 아니고, 무엇에 이름을 지어 불러주면 이미 그 이름이 아니다" 정도로 해석할 수 있겠습니다. 진리는 우리의 말로 규명할 수 없다는 것입니다.

이런 사상들은 전부 "신이 우리와 소통하지 않는다. 그러니 우리가 알아가는 것이다. 그런데 인간의 언어로 어떻게 진리를 담을 수 있겠는가? 인간의 생각으로 어떻게 신을 담을 수 있겠느냐? 그렇게 할 수 없다"라는 입장입니다. 그래서 이러한 구도의 과정을 암중모색暗中摸索한다고 표현하기도 하지요. 깜깜한 방에서 더듬어서 알아가는 과정이라는 것입니다. 사실 이런 과정에 있는 사람들이 수도하는 모습은 정말 경이롭습니다. 고행을 하는 사람들도 있고요. 또 불교 같은 경우에는 장좌불와長坐不臥라고 해서 눕지 않고 똑바로 앉아서 수행을 하기도 합니다. 성철 스님 같은 경우는 8년 동안 한 번도 눕지 않으셨답니다. 대단한 일입니다. 그런 용맹정진勇猛精進하는 시간들을 위해서 집도 떠나고, 결혼도 하지 않고 깨달음을 위해서 정진하는 것이지요.

이것이 기독교와 다른 종교의 아주 큰 차이라고 말할 수 있습니다. 성경에서는, 이런 구도 과정으로는 인간이 하나님이나 진리에 다다를 수 없다는 것을 아셔서, 하나님이 인간을 찾아오셨다고 말합니다. 하나님이 인간과 먼저 소통하셨습니다. 이 소통이 있었기에 인간이 하나님에게 반응할 수 있습니다. 이것이 기독교의 핵심 전제로, 다른 종교와는 크게 다른 부분입니다. 저는 개인적으로 공부도 좀 했고, 책도 좀 읽었고, 기도도 좀 했지만, 진리 또는 하나님을 깨닫기 위해서 집도 떠나고 결혼도 하지 말고 철저한 금욕 수행을 해야 한다면, 솔직히 자신이 없습니다. 저의 지적 능력과 의지의 한계, 영적인 한계를 알고 있기 때문입니다. 그래서 저 개인적으로는, 인간을 찾아와 먼저 소통하신 하나님이 계시다는 것이 여간 위로가 되지 않습니다.

지금까지 이야기한 내용을 다음과 같은 도표로 요약할 수 있겠습니다. 성경에서 이야기하는 하나님이 세상의 여러 종교나 철학과 다른 점은, 인간이 스스로 진리를 깨칠 수 없기 때문에 하나님이 우리에게 먼저 찾아오셔서 이야기하셨다는 것입니다. 이것이 성경의 핵심 전제입니다.

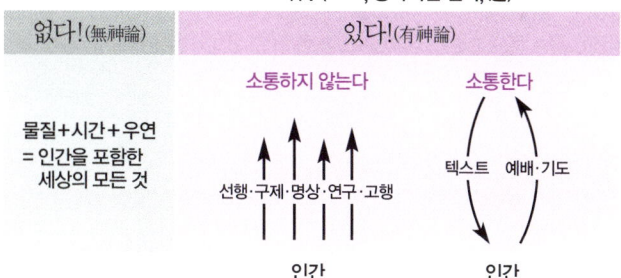

이스라엘, 예수, '성경'이라는 미디어

기독교에서 말하는 소통하는 하나님에 대해 이야기할 때, 생각해봐야 할 점이 두 가지 더 있습니다. 그것은 신이 인간을 찾아와서 이야기를 했는데, 누구에게 가장 먼저 찾아왔느냐 하는 것입니다. 하나님이 선택한 대상은 이스라엘이라는 나라입니다. 이스라엘은, 요즘 아랍권만이 아니라 세계 평화에 여러 문제를 일으키고 있는 강소국強小國이지만, 하나님이 이들을 찾아오셨을 때는 세상에서 가장 형편없는 민족이었습니다. 이집트 내의 소수 민족으로, 남자아이가 태어나면 모두 죽여야 하는 종족 살상의 위기에 있었던, 아주 작은 민족 중에서도 작은, 이름조차 변변치 않은 민족이었습니다. 그런데 이 절체절명의 위기에서 부르짖었던 이 민족에게 하나님이 찾아오셨습니다. 만물의 찌끼 같았던 민족을 택하셔서, 그들을 통해서 하나님 자신을 드러내기로 결심하십니다.

성경에 나오는 하나님은 많은 사람이 생각하는 하나님과 많이 다릅니다. 정말 다른 것 같습니다. 하나님이 변변한 이름조차 없었던 이스라엘을 찾아오셨다는 것은 매우 중요한 점을 시사합니다. 신이 인간을 찾아올 때, 세상에서 가장 핍박을 받고 가장 고통스러운 상황에 있는 민족을 택해서 자신을 드러내셨다는 것이죠. 권력과 재력, 지혜와 도덕으로 무장한 민족이 아니라 세상에서 가장 미천한 족속을 찾아오신 하나님이시기에, 이 땅 모든 사람에게 이 하나님이라는 분이 소망이 될 수 있다고 저는 믿습니다. 사실, 저를 비롯한 수많은 사람들 역시 세상 사람들과 비교할 때 별 가치가 없는 존재이지만, 지금도 찾아오셔서 소통하시는 하나님을 만나 삶의 소망과 힘을 얻게 되었다고 고백합니다. 이것은 신앙이 있는 자들이 과대포장한 간증이 아닙니다. 이렇게 평범한 인간을 찾아오시는 하나님 때문에 수천 년 동안 수많은 사람이 변화되어 의미 있는 삶을 살았습니다.

비천한 족속 이스라엘을 찾아오신 하나님은 이 나라와의 상호작용을 통해서 역사 속에서 하나님이 어떤 분인지를 알려주십니다. 그리고 하나님에 대해 알려준 내용을 성경이라는 텍스트$_{\text{text}}$에 기록하게 하십니다. 그것이 우리가 가지고 있는 구약 성경입니다. 그런데 이스라엘 사람들은 이렇게 특별한 지식을 받았음에도, 하나님을 자기 민족만 위한 분으로 사유화했고, 결국 이 하나님의 뜻을 오해했습니다. 성경의 앞부분인 구약은 이스라엘이 하나님을 어떻게 오해하고 배신하였는지, 그리고 하나님이 어떻게 이들을 끝까지 사랑하시며 정의로 세상을 다스리시는지를 보여줍니다. 결국 하나님은 직접 인간 세상에 오십니다. 인간의 몸을 입고 오신 그분이 바로 나사렛 예수입니다. 인간 눈높이에 맞춰, 인간이 하나님을 깨달아 더 이상 오해하지 않도록 인간의 모습으로 오셨습니다. 이것은 몸으로 보여주신 놀라운 소통이기도 합니다.

그런데 이 예수님은 놀랍게도 평범한 청년, 그것도 식민지 국가의 아주 가난한 촌에 하찮은 목수의 아들로 오십니다. 비천한 이스라엘 족속을 찾아오셨던 것처럼, 우주를 지으신 하나님인 예수는 또다시 평범 이하의 한 인간으로 오십니다. 그리고 그에 대한 내용들을 구약에서 텍스트화

(기록)했던 것처럼 신약에서도 텍스트화했습니다. 이 텍스트를 통해서, 하나님은 인간에게 자기 자신을 설명하십니다. 어떤 신적 경험이나 꿈 같은 것이 아니라 우리가 객관적으로 볼 수 있는 텍스트를 통해서 우리에게 말씀하시는 것이지요. 그래서 기독교인들에게 성경은 매우 중요합니다. 하나님이 인간과 소통하시기 위해 그분에 대한 가장 중요한 고급 정보를 담아 인간에게 주신 미디어이기 때문입니다.

저는 20대가 되기 전부터 사람들에게 이 하나님에 대한 이야기를 들려주기 시작했습니다. 그 어린 청년이 무슨 얘기를 할 수 있었겠습니까? 이 책을 쓰고 있는 지금은 '지천명知天命'이라고 하는 오십을 좀 넘었지만, 나이를 먹었다고 해서 인생이나 하나님에 대해서 얘기할 수 있겠습니까? 그런데 제가 감히 "하나님은 이런 분입니다"라고 어릴 적부터 얘기할 수 있었던 것은, 하나님이 역사 속에 오셔서 어떤 식으로 일하셨고 구체적으로 인간의 모습으로 어떻게 나타나셨는지를 성경이 증언하고 있기 때문입니다. 저는 지난 40년 가까운 영적 여정 동안 성경을 통해서 "아! 하나님이 이런 분이구나"라는 깨달음을 지속적으로 얻고 있습니다.

이제 이 성경에서 하나님을 어떤 분으로 그리고, 또 이 하나님이 우리 인간의 문제를 어떻게 보고 계시고, 이 슬프고 고통스런 문제에 대한 그분의 해결책이 무엇인지에 대해서 이야기 나누려고 합니다.

성경과 함께하는 영적 순례길

이 책의 초두에서 제가 여러분의 여행 가이드라고 말씀드렸습니다. 저는 여러분이 이 이야기를 통해, 성경이 이야기하는 하나님을 알아가기를 기대합니다. 하나님을 알아가는 과정에서 이 책의 이야기들이 도움이 될 것입니다. 그러나 이제 여러분이 정말 관심을 가져야 할 것은, 이 성경이라는 텍스트가 우리에게 보여주는 하나님이 어떤 분인지를 알아가는 것입니다. 다른 사람의 설명이 아니라 여러분 스스로 성경을 읽으면서 '아, 하나님이 이런 분이구나' 하고 아는 것이 참으로 중요합니다. 그런 면에서 이 책을 읽어가면서, 여러분의 친구들과 대화를 나누면서, 제가 여러분에게 안내해드릴 요한복음의 몇몇 중요한 본문들을 한번 읽어보시면 좋겠습니다. 예수님에 대해서 알고 싶으면, 복음서 중에 가장 짧은 마가복음을 처음부터 끝까지 빠른 속도로 읽는 것이 좋은 방법입니다. 요한복음도 매우 좋습니다. 요한복음의 몇몇 구절은 예수님의 모습을 아주 섬세하게 기록하고 있기 때문에, 하나님이 어떤 분인지 알아가는 데 큰 도움이 될 수 있습니다. 성경이 없으면, 하나님이 우리에게 소통하시는 이 미디어가 없으면, 우리가 하나님을 아는 것은 불가능하다는 사실을 잊지 마십시오.

나눔 질문

1. 당신이 지금까지 알고 있던 하나님(또는 신)은 어떤 존재였는지 이야기 나누어봅시다. 그 하나님이 인간에게 먼저 다가와 소통하시는 분이라는 사실이 당신에게는 어떤 의미인가요?

2. 기독교의 하나님은 인간과 소통하시기 위하여 '성경'이라는 미디어를 사용하셨습니다. 당신은 성경을 어떻게 생각합니까?

3. 다음 성경 본문 가운데 세 부분을 골라 읽고, 거기서 말하는 바가 무엇인지 생각해봅시다. 이 본문들에 나타난 예수님은 어떤 분이십니까? 다음 만남에서 함께 이야기해봅시다.

- 요한복음 2장 1-11절/ 3장 1-21절/ 4장 1-42절/ 5장 1-30절/ 8장 1-16절/ 9장 1-41절

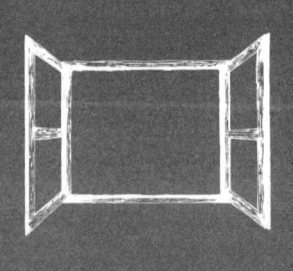

세 번째 이야기

진정한 행복의 두 가지 조건

사람에게는 사랑이 무엇보다도 중요하지만,
사랑만으로 행복해지지 않습니다.
행복의 또 다른 축은 삶의 의미와 목적입니다.

풍성한
삶으로의
초대

지난 번 이야기에서는 우리가 지적으로 어떤 전제를 가져야 하는지에 대해 이야기를 나누었습니다. '신이 있다, 없다'는 것은 신념이나 세계관, 또는 전제의 문제라고 했습니다. 만약 신이 있다고 전제하더라도, 그 신이 소통을 하느냐 하지 않느냐 둘로 나뉘고, 소통하지 않는 신인 경우에는 인간이 스스로 그 신을 찾아가야 한다고 이야기했습니다. 그러나 진리를 깨닫기 위한 치열한 노력에도 불구하고, 크다는 표현으로도 부족한 하나님을 인간이 아는 일은 결코 쉬운 여정이 아닙니다. 그래서 이런 인간의 한계를 아시는 하나님이 먼저 소통하시고 급기야 인간이 되어 이 땅에 오셨다는 이야기를 나누었지요. 이것이 기독교의 가장 중요한 가르침 중의 하나입니다. 그 하나님은 자신이 누구인지 인간이 알아야 할 만큼만 소통하셨고, 그 내용이 텍스트의 형식으로 성경에 기록되어 있습니다.

두 번째 이야기에서 우리의 지적 신념이나 전제를 이야기했다면, 세 번째 이야기에서는 우리의 실존적 추구에 대해 이야기를 나누고 싶습니다.

성경의 하나님은 여러 시각에서 설명할 수 있습니다. 정말이지 인간의 근원이 되시는 하나님이라면, 사람이 원하는 어떤 측면에서도 이 하나님에 대해 이야기할 수 있을 것입니다. 철학자는 논리적 궁구로, 예술가는 감성적 언어로, 농부는 진솔한 이야기로 하나님에 대해 이야기할 수 있습니다. 그러나 이 책에서는 인간의 가장 보편적 필요라 할 수 있는, 실존적인 필요에서부터 하나님에 대한 이야기를 시작하려 합니다. 하나님은 단지 우리의 지적 질문에 답을 해주는 그런 존재가 아니라, 우리가 추구하는 삶에 대해 답변을 주시는 분이기 때문입니다. 실존적인 우리 삶의 터전에서부터 하나님에 대한 진리를 알아가는 것은 소중하고 가치 있는 일입니다. 이제 그 이야기를 좀 해보지요.

행복, 모든 인간의 소망

오늘 하루, 여러분은 길이나 지하철에서 마주치는 얼굴에서 어떤 표정을 만나셨습니까? 대부분 얼굴이 무표정하지 않던가요? 무표정하다 못해 때로는 어둡기까지 합니다. 지난 근현대사를 살면서 모진 일을 많이 겪은 데다, 오늘날 삶의 환경이 우리로 하여금 밝은 표정을 짓지 못하게 만드는 것 같습니다. 사람들은 모두 행복하고 편안하기를 원하는데, 우리 얼굴 표정은 현실이 그렇지 않다는 것을 보여주는 것 같아 안타깝습니다.

모든 인간은 행복하기 원합니다. 행복을 원하지 않는 사람이 있다면, 마음에 깊은 병이 든 사람일 것입니다. 더 이상 행복해질 수 없다는 마음은 깊은 좌절과 무기력이 가져온, 인간이 경험할 수 있는 최저점의 마음일 것입니다. 사실 이런 사람들에게야말로 하나님은 오히려 더 강력한 소망이 되실 수 있습니다. 어쨌든 우리 모두는 행복해지기를 원합니다. 여러 그리스 철학자들이 행복에 대해 논한 것은 이상한 일이 아니지요. 오늘날에도 사람들은 여전히 행복을 추구하고 있는데, 현대 사회에서 사람들이 이 행복을 추구하는 방식이 좀 비슷한 것 같습니다. 사람들은 대략 다음 네 가지 정도가 있으면 행복해질 것이라고 생각합니다. 그래서 이 네 가지를 추구하지요.

> **행복을 얻기 위한 네 가지 추구(4 pursuits: 4P)**
>
> pleasure 쾌락
> prestige 명예
> power 권력
> property 재산

이 네 가지는 영어로 모두 P로 시작합니다. 쾌락pleasure, 명예prestige, 권력power, 재산property이 그것입니다. 대중매체와 상업 광고들은 우리에게 이런 것들이 있으면 행복해질 것이라고 계속해서 충동질하고 세뇌합니다. 사실 이것들은 우리에게 매우 중요한 주제들이고, 또 없어서는 안 될 것이기도 합니다. 그러나 이런 것들 자체가 우리를 행복하게 해주지는 못합니다. 짧은 지면이지만, 간단히 설명을 해보지요.

먼저, 사람들은 먹는 것이든, 마시는 것이든, 성이든, 보는 것이든, 입는 것이든, 이 모든 것을 통해 즐거움, 곧 쾌락을 누리기 원합니다. 쾌락은 인간의 매우 정당한 추구입니다. 인간은 이러한 즐거움 없이 살기가 힘듭니다. 그런데 쾌락을 마음껏 누린다고 해서 행복을 얻을 수 있는 것은 아닙니다. 우리에게 쾌락이 필요하기는 하지만 이 쾌락은 궁극적인 행복을 가져다주지 못하므로, 쾌락을 추구하기 시작하면 점점 더 강력한 쾌락을 추구하게 됩니다. 더욱이 먹고 마시는 쾌락, 성적인 쾌락을 적정선에서 즐기는 데 그치지 않고 과도히 추구하다 보면, 그 쾌락이 인간됨을 훼손하는 지경에 이릅니다. 또 자신만의 쾌락을 추구하다 보면, 동시대에 살고 있는 이웃, 가까이에 있는 자기 가족의 즐거움까지 무시하거나 부지불식간에 그것을 빼앗을 수도 있습니다. 자신의 쾌락을 좇다가 오히려 사람들을 파괴하는 것이지요. 쾌락은 우리에게 재미와 편리함 등을 선사할 수는 있지만, 사람을 행복하게 해줄 수는 없습니다.

두 번째로, 사람들은 명예를 추구하지만 명예가 사람을 행복하게 해주지도 못합니다. 어떤 분들은 '난 정치인도, 연예인도 아닌데 내가 무슨 명예를 추구하나?'라고 생각할지도 모릅니다. 그러나 명예란 자기 이름값을 하는 것을 뜻합니다. 우리는 어디에 가든지 "아, 그 사람은 필요한 존재야, 가치 있는 존재야"라는 평가를 받을 때 기쁩니다. 이것을 명예라고 부를 수 있습니다. 사람은 누구나 이런 평가를 받기 원합니다. 그래서 이런 평가를 받으면 모두 행복해합니다.

그런데 명예를 얻으면 참된 행복에 이르게 될까요? 약간 도움이 되긴 하겠지만, 사람의 평가란 언제나 불완전합니다. 늘 진심을 알아줄 수는 없기 때문입니다. 때로는 거짓이 화려하게 포장되어 오히려 박수를 받는 세상이기 때문입니다. 그래서 사실 명예라는 것도 우리에게 참된 행복을 가져다주기에는 부족합니다.

세 번째로 권력이 있습니다. 이 역시 '나는 정치가가 아니라서 권력이 필요 없다'라고 생각할지 모르지만, 권력이란 다른 사람에게 조종되지 않는 정도의 힘을 뜻합니다. 회사에 들어가면, 대다수는 조직의 맨 아래에 머물러 있길 원하지 않고 계속 승급하기를 원합니다. 통제받는 것을 싫어하기 때문입니다. 시키는 일만 하지 않고, 자신도 다른 사람에게 일을 시키고 자신이 원하는 일을 하고 싶기 때문입니다. 그 정도의 힘은 있어야겠다고 생각합니다.

모든 인간관계는 일정 정도는 힘으로 그 관계의 모습이 달라집니다. 더 많은 힘을 가지면, 더 안전하게 느끼고 자신감도 더 생길 수 있습니다. 그런데 이러한 힘이나 권력이 있으면 행복해질까요? 힘과 권력이 있지만 그것을 사람을 조작하거나 망가뜨리는 데 사용하면, 주변 사람들은 물론 자신도 망가집니다. 부모가 아이에게 그렇게 하고, 선생이나 교수가 학생에게, 사장이 직원에게 그렇게 합니다. 사실, 힘 있는 사람 중에서 인격적으로 장애가 있는 사람을 적지 않게 보게 되는 이유가 여기에 있습니다.

마지막으로, 우리가 살고 있는 자본주의 사회에서는 재산이 많으면 이 세 가지를 다 구매할 수 있다고 얘기합니다. 우리는 정말 무서운 세상에 살고 있습니다. 돈만 있으면 쾌락도, 명예도, 권력도 얻을 수 있다고 생각합니다. 겉으로는 부인할지 몰라도, 세상은 이 네 가지가 있으면 행복해진다고 우리를 끊임없이 세뇌하고 있습니다. 특별히 네 번째 요소인 재력이 있으면 나머지 것들을 모두 구매할 수 있다는 생각에, 우리도 상당 부분 세뇌되어 있습니다.

아파트 평수가 얼마인가, 어느 지역에 사는가, 어떤 차를 타고 다니는가에 따라 품격이 달라지고, 이런저런 휴가를 갔다 오면 다른 사람이 되고, 이런저런 문화재를 감상할 줄 알고 더 나아가 소유할 수 있으면 정말 멋진 사람이 될 것이라고 말합니다. 건강도 돈으로 살 수 있고, 미모도 돈으로 해결할 수 있고, 교육도 돈으로 되는 것같이 보입니다. 초등학생들이 돈 많이 버는 것이 꿈이라고 아무렇지 않게 이야기하고, "부자 되세요"가 덕담입니다. 그러나 돈이 사람들을 편리하게 해주기는 하지만, 참된 관계·건강·교육·사랑 이 모두는 돈으로 살 수 없는 것이 아닙니까?

오래전에 아주 슬픈 자살 사건이 있었습니다. 목숨을 끊는다는 것은 정말 큰 고통 끝에 내리게 되는 결정인데요. 한국의 한 재벌가의 딸이 뉴욕에서 자살을 했습니다. 그때 사람들이 어떤 태도를 보였는지 아십니까? 누구도 그를 동정하지 않았습니다. "뭐가 부족한 게 있어서? 호강에 겨워서!"라고들 했습니다. 재산이 있으면 뭐든 살 수 있고, 그러면 행복할 것이라는 생각을 가지고 있었기 때문에 이러한 반응이 나오는 것입니다. 그래서 그 안타깝고 불쌍한 죽음을 보고도 "얼마나 힘들었으면 그랬을까?"라는 마음을 갖지 못하는 것이죠.

이미 우리 안에는 이 네 가지 'P'가 있으면 행복할 것이라는 생각이 뼛속 깊숙이 자리 잡고 있습니다. 달걀로 바위를 깨뜨리려는 시도 같지만, 저는 단호하게 이야기해야 할 것 같습니다. 이런 것들을 갖는다고 해서 행복을 얻지는 못한다고 말입니다. 약간의 도움이 될 뿐입니다. 즐거움, 재미, 편리함 같은 것을 얻을 수는 있습니다. 그러나 이러한 것들이 우리에게 근원적인 행복을 주지는 못합니다. 그렇다면 우리는 언제 근원적인 행복을 얻을 수 있을까요? 저는 다음 두 가지를 얻을 때 근원적인 행복을 누리게 된다는 사실을 관찰하였고, 또 직접 경험하게 되었습니다. 이제 그 이야기를 해보지요.

행복의 조건

제가 관찰한 행복의 진정한 조건 첫 번째는, 무조건적인 사랑입니다. 사람은 누군가에게 무조건적인 사랑을 받을 때 행복해집니다. 연애하는 사람들을 보십시오. 사랑에 빠진 사람들이 왜 그렇게 행복한가요? 자신을 무조건적으로 사랑해주는 사람을 만났다고 '착각'(!)해서 그렇습니다. 짧은 기간이라 해도 그 착각이 참 아름답기는 합니다. 그런데 누군가 나를 무조건 사랑한다는 생각은 착각입니다. 나를 무조건적으로 사랑해주는 사람은 없습니다. 영원히 뜨거울 것 같았던 이성간의 사랑도 시간이 지나면 대부분 시들해집니다.

세상에서 무조건적인 사랑에 가장 가까워 보이는 어머니의 사랑을 생각해보십시오. 아이들이 행복한 이유는 무조건적으로 사랑해주는 엄마가 있어서입니다. 그런데 거꾸로 엄마도 행복합니다. 왜냐하면 그 아이는 무조건적으로 엄마를 사랑하거든요. 대부분 아이에 대한 엄마의 사랑이 더 크다고 얘기하지만, 어떤 경우에는 거꾸로 아이의 사랑 때문에 엄마가 사는지도 모른다는 생각이 듭니다. 사실 엄마들이 말로 다할 수 없는 큰 고통 가운데서 아이를 낳고도 또 아이를 낳는 이유는 그 사랑을 경험하기 때문입니다.

부모의 사랑은 원초적으로 중요합니다. 부산 태종대에 세워진 조각상 이야기를 들어보셨습니까? 태종대는 과거에 투신 자살지로 유명했습니다. 자살자가 너무 많아지자, 당국은 전뢰진이라는 작가에게 의뢰해서 태종대에 인자한 어머니 옆에 아들이 서 있는 모자상을 세웠습니다. 이 모자상을 세우고 난 이후에 자살자 수가 반으로 줄었다고 합니다. 그러나 안타까운 일은 그 모자상을 보고도 떠올릴 부모가 없어 자살하는 사람이 여전히 있다는 것입니다. 참 가슴 아픈 이야기입니다. 우리는 부모조차 무조건적인 사랑을 제대로 주지 못하는 세상에서 살고 있습니다.

인간의 마음속 깊숙한 곳에는 이 무조건적인 사랑에 대한 간절한 갈망이 있습니다. 완전하지 않아도, 인간은 누군가를 사랑하고 사랑을 받아야 삽니다. 그러나 인간의 사랑이 늘 불완전하기 때문에, 우리는 누군가 우리를 진정으로 무조건적으로 사랑해주었으면 하는 간절한 갈망을 가지고 삽니다.

행복의 두 번째 조건은 삶의 의미, 삶의 목적입니다. 사람에게는 사랑이 무엇보다도 중요하지만, 사랑만으로 행복해지지는 않습니다. 행복의 또 다른 축은 삶의 의미와 목적입니다. 우리는 삶의 목적을 찾으면 행복해집니다. "아, 내가 이렇게 살아야겠구나. 이렇게 살 때 내 삶이 의미 있고 내 존재가 가치 있겠구나" 하는 생각을 하면 사람들은 행복해집니다.

과거의 슬픈 역사이지만, 1970년대 말과 1980년대에 많은 사람이 독재에 항거하다가 산화했습니다. 이들은 단순히 독재에 항거하는 정도가 아니라 이렇게 자기 몸을 바침으로써 역사가 진보할 것이라고 믿었습니다. 자신의 삶을 의미 있는 일에 바친다고 생각했기 때문에 기꺼이 그렇게 할 수 있었습니다. 냉전 시대가 지난 지금에 와서는 그런 극단적 방법은 옳지 않았다고 생각할지 모르지만, 그들의 희생이 없었다면 지금처럼 더 나은 사회가 되지 못했을 것입니다.

물론 목적이 잘못된 경우도 있습니다. 과격한 종교나 국가주의에 세뇌되어 자기 생명을 버리고 다른 사람을 해침으로써 구원을 받는다거나 대의를 이룰 수 있다는, 잘못된 목적을 가지는 경우도 있습니다. 돈을 많이 모으고 권력을 향유하는 것이 삶의 목적이 될 수도 있습니다. 그러나 이럴 경우, 그러한 목적들이 우리에게 진정한 행복을 가져다준다는 데에 모두 동의하기는 어려울 것입니다. 삶의 목적이 행복을 얻는 데 아주 중요하기는 하지만, 우리는 얼마든지 잘못된 목적을 가질 수 있습니다.

제가 이렇게 사람들이 추구하는 행복에 대해서 장황하게 이야기한 이유가 있습니다. 그것은 하나님이 바로 이두 가지를 우리에게 주고 싶어 하시기 때문입니다.

하나님이 우리에게 주고 싶어 하시는 것

세상은 쾌락, 명예, 권력, 재산, 이런 것들을 가지면 행복해진다고 말하며, 여러 종류의 모조품 행복과 그것을 누릴 수 있는 장난감으로 우리를 기만합니다. 그러나 하나님은 우리에게 무조건적인 사랑과 삶의 의미를 주고 싶어 하신다고 성경은 말합니다. 인간을 만드신 하나님이, 인간에게 정말 필요한 것이 바로 이 두 가지이고, 이것을 제대로 갖출 때 나머지 쾌락, 명예, 권력, 재산이 자기 자리를 찾게 될 것이라고 말씀하십니다. 하나님은 인간이 행복하고 가치 있게 살기를 간절히 원하십니다. 이런 하나님이 바로 제가 성경에서 만난 하나님입니다.

나눔 질문

1. 행복을 얻기 위한 네 가지 추구 중 나에게 가장 분명하게 드러나는 부분은 어떤 것인가요?

2. 진정한 행복을 얻기 위해 '무조건적인 사랑'과 '삶의 목적'이 필요하다는 말에 동의합니까? 당신은 이 두 가지를 어디에서 얻을 수 있다고 생각합니까? 또 어디에서 찾고 있습니까?

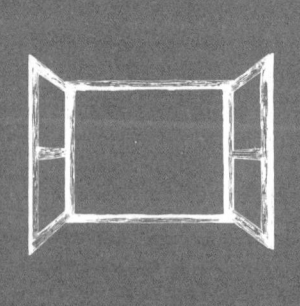

네 번째
이야기

하나님이 만드신 세상과
오늘날 우리의 세상

하나님의 원래 계획과는 달리,
우리가 살고 있는 세상은 하나님과의 관계,
자신과의 관계, 이웃과의 관계, 세상과의 관계가
완전히 깨져 있음을 여실히 보여줍니다.

풍성한
삶으로의
초대

이제 본격적으로 기독교의 가장 기본적인 진리, 하나님이 인간에게 가장 알려주고 싶어 하시는 진리, 우리에게 소통하셨던 그 중요한 진리에 대해 이야기하려고 합니다. 하나님은 성경이라는 미디어를 통해서 우리에게 소통하셨는데요. 사실 성경 전체가 이것을 이야기하고 있기에 그 내용을 짧게 요약한다는 것은 무리가 있습니다.

그럼에도, 기독교는 심오하면서도 단순하기 때문에 좀 단순화하여서 설명해보겠습니다. 하나님이 원래 세상과 나를 어떻게 만드셨는지, 그런데 우리가 경험하는 세상은 왜 그리고 어떻게 오늘과 같은 모습이 되었는지, 또 우리가 살고 있는 이 세상에서 하나님은 이 문제를 어떻게 해결해나가시는지, 마지막으로 우리 인간은 하나님의 이 회복에 어떤 방식으로 반응할 수 있는지에 대해서 말입니다. 하나님이 우리와 소통하기를 원하시는 내용이 바로 이것입니다.

하나님의 원래 계획

우리가 실존적으로 경험하고 있는 현재의 세상과 우리의 문제들을 이야기하기 전에, 먼저 하나님이 세상을 원래 어떻게 만드셨는지, 즉 그분의 원래 계획을 아는 것이 필요합니다. 성경은 인간이 우연히 존재하게 된 것이 아니라, 하나님이 특별한 계획을 가지고 창조하셨다고 선언합니다. 모든 창조물 중에서 가장 독특한 존재로 창조하셨다는 것입니다. 그렇다면 그러한 우리 인간을 향하신 하나님의 원래 계획이 어떠했는지 살펴보도록 하겠습니다. 하나님의 원래 계획은 우리 인간과 관련된 네 가지 관계로 풀어서 설명할 수 있습니다. 그 네 가지는 하나님과의 관계, 자신과의 관계, 이웃과의 관계, 세상과의 관계입니다.

Plan 1. 하나님과의 관계

인간은 하나님과 인격적 관계를 맺을 수 있는 존재로 만들어졌다.

성경이 인간을 나머지 피조물과 다른 특별한 존재라고 말하는 이유는, 인간이 많은 면에서 동물과 비슷한 특성을 가지고 있지만 동물에게는 없는 특별한 성질을 가지고 있기 때문입니다. 사람들은 지금까지 왜 인간이 다른 동물과 다른지, 문화인류학·사회학·심리학 등을 동원해서 여러 이론들을 제시했습니다. 서서 다니므로 호모 에렉투스 *Homo Erectus*로, 지식을 가지고 있으니 호모 사피엔스*Homo Sapiens*로, 뇌의 용량이 커서 인간만이 놀이를 한다는 의미에서 호모 루덴스*Homo Ludens*로, 또 이외에도 호모 파베르 *Homo Faber*, 호모 하빌리스*Homo Habilis* 등으로 말입니다. 그러나 이러한 규정은 늘 한계가 있어서 계속해서 새로운 제안들이 생겨나고 있습니다.

성경은 인간이 다른 피조물과 달리 독특한 이유에 대해, 인간만이 인격적 존재로 창조되었기 때문이라고 말합니다. 인격적 존재란 단지 지정의知情意를 가진 존재라는 뜻이 아닙니다. 이는 하나님과 사랑을 주고받을 수 있고, 하나님의 마음을 알아챌 수 있고, 하나님의 마음에 반응할 수 있고, 그분을 기쁘시게 할 수도 있고, 그분을 슬프게도

할 수 있는 그런 존재라는 뜻입니다. 어떤 경우에는 이를 영혼이라고 표현하기도 합니다. 하나님은 인간을 이렇게 만드셔서 인간과 아주 깊은 사랑을 나누기 원하시고, 무엇보다 하나님 자신이 인간을 먼저 그렇게 사랑한다고 말씀하십니다. 그래서 예수님도 제일 중요한 계명이 무엇이냐는 질문을 받으셨을 때, "네 마음을 다하고 네 목숨을 다하고 네 뜻을 다하여 주 너의 하나님을 사랑하여라 하셨으니, 이것이 가장 중요하고 으뜸가는 계명이다"(마태복음 22:37-38, 새번역)라고 답변하셨던 것입니다.

인간을 먼저 사랑하신 그 하나님의 사랑은 성경 곳곳에 기록되어 있습니다. 그중에 가장 아름다운 표현이 아마 구약 성경 선지자의 책 중 하나인 스바냐 3장 17절이 아닐까 싶습니다. "너의 하나님 여호와가 너의 가운데에 계시니 그는 구원을 베푸실 전능자이시라. 그가 너로 말미암아 기쁨을 이기지 못하시며 너를 잠잠히 사랑하시며 너로 말미암아 즐거이 부르며 기뻐하시리라 하리라"(개역개정). 참으로 놀라운 사랑 고백이 여기에 있습니다.

이 구절에서 '너'라는 표현은 물론 이스라엘이라는 민족을 가리키지만, 이것을 우리 개개인에게 적용해도 크게 무리가 없습니다. 하나님이 "당신으로 인해" 기쁨을 이기지 못하신답니다. 잠잠히 사랑하신답니다. 우리 이름을 즐거이 부르며 기뻐하신답니다. 저는 사람들이 하나님이 인간을 이렇게 사랑하신다는 사실을 안다면, 그것을 정말 믿게 된다면, 하나님에게서 정말 무조건적인 사랑이 흘러나온다는 것을 알게 된다면, 놀라운 일이 벌어질 것이라고 생각합니다. 그러니 사람들이 이것을 잘 알지 못하고 느끼지 못하는 것이 안타까운 일이죠.

제가 이 하나님의 사랑을 어렴풋하게나마 경험한 적이 있습니다. 바로 첫째 아들을 낳았을 때입니다. 아, 물론 제가 낳은 건 아니지요. 아내가 아이를 가져서 배가 점점 불러오는데, 4~5개월까지는 제 배랑 비슷했답니다. 그러다 엄마의 배가 점점 더 불러오면, 그 속에서 아이가 움직이기 시작합니다. 엄마는 그걸 느끼지만, 아빠는 느끼지 못합니다. 그러다가 아이가 태어납니다. 아이가 태어날 때 아내와 병실에 같이 있었는데, 그때 저는 그 아이를 '처음' 보았습니다. 사실, 처음 만난 것이지요. 의사가 아이를 번쩍 들고 탯줄을 잘랐습니다. 피를 닦고 바둥바둥하며 우는 아이를 침대에 올려놓았습니다. 제가 아주 조심스럽게 의사한테 물어봤습니다. "Can I touch him?" (좀 만져봐도 돼요?) 아이를 미국에서 낳았거든요. 그랬더니 의사가 크게 웃으면서 "Of course, it's your baby"라고 말했습니다. "네 아이니까 맘대로 해." 뭐, 이 정도 표현이겠죠. 그래서 아이 곁으로 가서 버둥대고 있는 아이의 가슴에 손을 얹고 아이를 위해 기도하는데, 제 눈에서 뜨거운 눈물이 마구 흐르고 있었습니다. 제가 정말 순수한 기도를 드리고 있었습니다.

기도를 해본 사람은 순수한 기도가 무엇인지 압니다. 겹겹의 마음을 가진 사람이 기도를 하다 이 여러 겹이 하나둘 벗겨지고 정말 자신이 원하는 바, 자신이 얘기하고 싶은 바가 한 겹이 되는 때가 있습니다. 이럴 때 우리는 기도가 순수해졌다고 느낍니다. 대부분 정기적으로 오랜 시간 기도하다 보면 그런 기도를 드리게 됩니다. 하지만 순간적으로 이렇게 순수하게 기도하게 된 적은 인생에 몇 번 없었던 것 같습니다. '처음 만난 아인데, 어떻게 이렇게 순수해질 수 있을까?' 그것은 이 아이가 제 아이이기 때문이었습니다. 그때 깨달았습니다. '아, 하나님이 인간을 이렇게 사랑하시는구나! 자신이 만드셨기 때문에 하나님이 그렇게 사랑하시는구나!' 여기에 나오는 "즐거이 부른다", "잠잠히 사랑한다", "기쁨을 이기지 못하신다", 이런 표현들이 어떤 뜻인지 조금이나마 알게 된 순간이었습니다.

이것이 기독교에서 가장 핵심적이고 첫 출발점이 되는 진리입니다. 하나님이 인간을 인격적 존재로 만드셔서 인간과 사랑하는 관계, 인격적 관계를 맺고자 하셨다는 것이죠. 이렇게 표현할 수도 있습니다. 하나님이 인간을 만드셔서, 그 인간에게 무조건적인 사랑을 주시고, 인간은 그 사랑에 반응하며 살아가도록 만드셨다는 것입니다.

화분에 물을 주고 햇볕 아래 두어야, 식물이 싹을 내고 잎이 푸르러지고 꽃봉오리를 내고 꽃을 피우는 것처럼, 인간은 하나님의 사랑으로 살도록 만들어졌습니다. 이것이 인간의 가장 중요한 특성이라고 성경은 이야기합니다. 인간의 본질이 여기에서 발견된다는 것입니다.

Plan 2. 자신과의 관계
인간은 자기 자신을 사랑할 수 있는 존재로 만들어졌다.

이렇게 인간이 하나님의 사랑을 받으면, 자기 자신을 사랑할 수 있습니다. 예수님은 하나님을 사랑하는 것이 가장 중요하다고 말씀하시고 나서, 두 번째로 중요한 가르침을 설명하실 때 "둘째 계명도 이것과 같은데, 네 이웃을 네 몸 같이 사랑하여라 한 것이다"(마태복음 22:39, 새번역)라고 말씀하셨습니다. 이웃을 사랑할 때 그 기준이 되는 것이 '네 몸을 사랑하는 것처럼'입니다. "자기를 사랑하는 것처럼 이웃을 사랑해라"라는 말씀입니다.

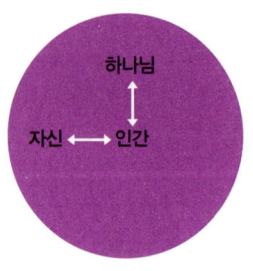

사실, 자기를 사랑하지 못하는 사람은 다른 사람을 사랑할 수 없습니다. 그래서 건강한 자기 사랑이 참 중요합니다. 자기를 사랑한다는 것은 이기적이라는 뜻이 아닙니다. 자신의 장점을 알고 잘 누리고, 약함과 부족함은 인정할 수 있을 때, 사람은 자신을 있는 그대로 수용할 수 있습니다. 그때 사람들은 자신의 있는 모습 그대로를 보며 '좋다, 괜찮다' 하고 생각할 수 있는데, 이것이 바로 건강한 자기 사랑이라 할 수 있습니다. 이것은 우리를 무조건적으로 사랑해주시는 하나님의 사랑을 누릴 때 가능한 일입니다. 하나님의 놀라운 사랑을 받아들여 하나님의 관점에서 자신의 가치를 보기 시작할 때, 사람들은 자신이 그렇게 사랑받을 만한 존재라는 사실을 알게 됩니다.

우리 주변의 아이들을 살펴보면, 이런 건강한 자기 사랑이 무엇인지 좀 더 분명해집니다. 경제적으로 부유한 환경이라고 해서 아이가 건강하게 자라는 것은 아닙니다. 부모가 아이를 건강하게 사랑해줄 때, 아이들은 자라면서 건강해집니다. 물질적으로, 환경적으로 좋은 조건을 마련해주는 것도 의미가 없지는 않지만, 그것이 아이들을 건강하게 성장하도록 만들지는 못합니다. 부모가 아이를 있는 그대로 사랑하고, 아이와 공감하고, 아이와 인격적인 대화를 나눌 때, 아이들은 건강하게 성장합니다. 이런 아이들은 부모에게서 받은 사랑으로 다른 사람들을 배려하고 사랑합니다. 편안하고 자유로운 사람들을 보면, 대부분 건강한 부모에게서 건강한 사랑을 받은 사람들입니다.

사람은 사랑을 받을 때, 자신을 사랑할 수 있습니다. 우리는 하나님의 무조건적인 사랑을 받아서, 자신을 있는 그대로 사랑할 수 있는 존재로 만들어졌습니다.

Plan 3. 이웃과의 관계

인간은 자신의 이웃을 사랑할 수 있는 존재로 만들어졌다.

이렇게 사람들이 자신을 건강하게 사랑하면 여유로워집니다. 자기가 괜찮다고 생각하면 편안해져서, 하나님이 나를 사랑하는 것만큼 내 옆에 있는 사람도 사랑하시고, 내가 독특한 것처럼 다른 사람도 독특하다고 생각합니다. 하나님은 우리가 하나님의 사랑을 받아 그분을 사랑하고 자신을 사랑하여서, 우리 옆에 있는 사람들, 즉 우리 이웃과 사랑하는 관계를 맺기를 원하셨습니다. "네 이웃을 네 몸과 같이 사랑하라"라는 말씀이나, 예수님이 주신 새 계명 "서로 사랑하여라, 내가 너희를 사랑한 것같이 너희도 서로 사랑하여라"(요 13:34, 새번역)라는 말씀에도 나타나듯이, 하나님은 원래 인간이 서로 사랑하며 살기를 원하셨습니다.

인간이 아무리 이기적이라고 하여도, 우리 속에는 이런 흔적이 남아 있습니다. 우리는 모두 누군가로부터 무조건적인 사랑을 받고 또 그렇게 사랑하고 싶어 합니다. 나를 있는 그대로 수용해주는 사람이 있기를 바라며, 나도 그런 사람이 되고 싶어 합니다. 다른 사람들과 인격적인 관계를 맺고 사랑을 주고받고 싶어 하는 것은 우리 모두의 본능입니다. 인간이 사회적 동물이라는 흔한 이야기를 떠올리지 않더라도, 인간은 사랑받고 사랑하며 살고 싶어 하는데, 이것은 바로 하나님이 원래 우리를 그렇게 창조하셨기 때문이라고 성경은 가르칩니다.

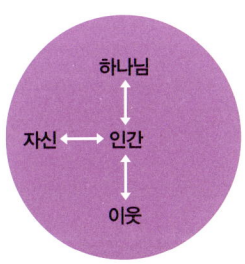

세상이 약육강식의 논리로 돌아가는 것을 보면서, 사람들이 그런 세상을 본능적으로 거부하고, 더불어 사는 세상을 만들어야 한다는 생각을 무의식적으로 하는 이유도, 인간이 이렇게 사랑을 주고받는 존재로 만들어졌기 때문입니다. 사실 우리가 가장 큰 행복을 누리는 때는 누군가를 사랑할 때입니다. 연인이든, 친구든, 가족이든, 서로 깊이 이해하여 마음과 마음이 통하는 그대로 받아주는 관계를 맺을 때, 우리는 깊은 기쁨을 맛봅니다. 이런 관계가 있을 때, 사람들은 살맛 난다고 생각합니다. 인간은 원래 이렇게 사랑을 주고받도록 지어졌기 때문입니다.

Plan 4. 세상과의 관계

인간은 세상을 사랑하며 경영하는 일을 하도록 만들어졌다.

우리가 이렇게 서로 사랑하게 되면, 그 다음에는 어떻게 하면 이 세상을 더 살기 좋고, 하나님의 피조물로서의 아름다움과 생명을 누릴 수 있는 곳으로 만들까 고민하게 될 것입니다. 자신을 사랑할 뿐 아니라, 다른 사람을 나처럼 사랑하시는 하나님의 시각으로 사람들을 바라보며 그들과 관계를 맺고, 이제 더불어 사는 세상을 함께 만들어가는 것이지요.

하나님은 성경의 첫 번째 책인 창세기에서, 그런 삶을 위해 "생육하고 번성하여 땅에 충만하라, 땅을 정복하라.…다스리라"(창세기 1:28, 개역개정)라고 명령하셨습니다. 그런데 이 표현은 오해와 오용이 많았습니다. 사람들은 '다스린다'는 말에서, 자신이 가진 힘으로 세상을 착취하거나 파괴하는 것을 연상하기 때문입니다. 그러나 성경에서 '다스린다'는 말은, 하나님이 피조물을 다스리시는 것과 같은 방식으로 다스리는 것을 뜻합니다. 즉, 피조물 본래의 가치가 최고로 나타날 수 있도록 보호하고 양육하고 발전시켜 최선이 될 수 있게 한다는 뜻입니다.

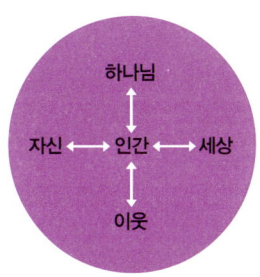

하나님은 우리에게 세상을 주시고, 그 속에서 우리가 하나님의 사랑과 하나님을 닮은 창조성으로, 하나님 대신 세상을 다스리기를 원하셨습니다. 이런 면에서 '다스린다'는 말은 오늘날 '경영'이라는 단어로 이해해도 좋겠습니다. 경영이라는 단어를 얄팍하게 이윤을 추구하는 것으로 생각하지만 않는다면, 잘 경영한다는 것은, 어느 조직이나 공동체가 원래의 가치를 최대한도로 드러내어 그 구성원들에게 선한 영향력을 끼치게 하는 것을 말합니다.

하나님은 우리 인간이 세상을 아주 건강하게 경영하기를 원하셨습니다. 세상에서 우리 각자의 몫이 있는 것이지요. 우리를 지으신 하나님의 창조성을 닮아, 그분의 사랑과 정의를 따라 창조세계를 최고로 아름답게 만드는 영광

스러운 사명이 우리 사람들에게 있는 것이지요. 이렇듯 우리 삶의 의미가 더욱 빛나고, 기쁨으로 자신의 역할을 감당하며 살아가도록 하시는 것이 하나님의 원래 계획이었습니다.

정리하면 이렇습니다. 하나님이 세상을 창조하실 때 원래 가지고 계셨던 계획은, 우리가 하나님의 무조건적인 사랑을 받아 누리고, 또 그럼으로써 자신을 있는 그대로 수용하여 마음이 평안해지고, 나 자신을 있는 그대로 수용하니 넉넉해져서 이웃도 사랑하고 받아들여 이웃과 아주 건강한 소통이 이루어지고, 이런 관계 속에서 이 세상을 변화시켜 더 살기 좋고 멋진 곳으로 만드는 삶의 목적을 누리는 것이었습니다.

오늘날 우리의 깨진 세상

그러나 불행한 일은, 오늘 우리가 살고 있는 세상은 이렇지 않다는 것입니다. 우리가 살고 있는 세상은 이런 관계들이 완전히 깨져버렸다는 사실을 여실히 보여줍니다.

하나님과의 깨진 관계

먼저, 하나님과 나의 관계가 깨졌습니다. 하나님이 인간을 그렇게 사랑한다고 말씀하시지만, 하나님을 믿는다는 사람들 중에도 하나님의 무조건적인 사랑을 정말 믿는 사람이 많지 않습니다. 하나님과의 관계가 깨졌기 때문입니다. 소통이 이루어지지 않고 있기 때문입니다.

무엇보다, 그분이 누구인지 알지 못합니다. 사람들마다 '신은 이럴 것이다'라고 생각하지만, 그것은 자신의 생각에 불과할 뿐, 실제 하나님이 어떤 분인지는 모릅니다. 그러니 기도를 해도 허공에다 하는 것처럼 느낍니다. 하나님은 인간에게 필요한 어떤 것도 제대로 제공하는 것 같지 않고, 오늘날 우리가 살고 있는 부조리하고 악한 세상을 방관하고 계신 것만 같습니다. 이렇게 인간이 필요할 때 개입하지 않기 때문에 신이 죽었다고도 말하고, 더 나아가서 하나님을 조롱하기도 합니다.

자신과의 깨진 관계

이렇게 하나님의 무조건적인 사랑을 받을 수 있는 근본적인 관계가 깨져 있으니, 자기 자신을 사랑하기가 참 어려워집니다. 나 자신을 사랑할 수 있게 만드는 절대적인 사랑이 없기에, 끊임없이 다른 사람과 비교하면서 자신의 가치를 찾습니다. 내가 소유한 것이나 성취한 것, 그리고 이런 것들에 기초한 다른 사람의 평가에 따라 나의 가치가 결정됩니다. 이렇게 외부의 척도로 나 자신의 가치를 발견하게 되니, 다른 사람과 자신을 비교할 수밖에 없습니다.

결국, 대다수 사람이 열등의식과 우월의식 사이를 왔다 갔다 합니다. 외모로부터 능력에 이르기까지, 모든 것을 있는 그대로 받아들이지 못합니다. 아침에는 기분이 좋았다가 오후가 되면 기분이 확 나빠지기도 합니다. 절대적 가치를 발견하지 못하는 인간은 자신을 있는 그대로 사랑하지 못하기 때문입니다.

요즘 많은 사람들이 자신의 외모가 마음에 들지 않아 성형수술을 받습니다. 성형이 좋다 나쁘다를 떠나서 이는 자기를 있는 그대로 받아들이지 못하는 모습의 전형적인 예입니다. 외모만이 아닙니다. 사람들은 가능하면 자신과 관련된 많은 것들을 바꾸고 싶어 합니다. 건강한 자기 계발이야 얼마나 좋은 일입니까? 그러나 바꿀 수 없는 것들을 수용하지 못해 불행해하는 사람들이 너무 많습니다.

이렇게 자신을 건강하게 사랑하지 못하면, 이루어질 수 없는 꿈과 건강하지 못한 욕망을 좇게 됩니다. 꿈이 이루어지지 않고 욕망이 채워지지 않을 때 절망하고 좌절합니다. 절망이 깊어지면, 사람들은 서서히 자신을 포기하기 시작합니다. 사람이 자신을 포기할 때 나타나는 첫 번째 모습이 무엇인지 아십니까? 게으름입니다. 사람들은 스스로 대강 살아도 되는 존재라고 얘기합니다. "시간을 잘 쓸 필요가 뭐 있어. 오늘 저녁에는 집에 가서 치킨이나 시켜 먹으면서 TV나 보지 뭐." "아침에 일찍 일어날 이유가 뭐가 있어? 그렇게 일어나고 싶지도 않고, 하고 싶은 일도 없는데, 뭐." 그렇게 매일 매일을 적당히 살아갑니다.

이런 마음은 일종의 포기이고, 이런 모습이 좀 심해지면 자기를 학대하기 시작합니다. 자신을 증오하고 괴롭힙니다. 그런 모습이, 현대인에게는 다양한 중독으로 나타납니다. 중독의 특성은 자기를 잊어버리는 것입니다. 현실을 잊어버리는 것입니다. 자신의 절망스러운 상황과 그 속에 있는 자신을 잊어버리고 뭔가에 몰입하게 만드는 것이 중독입니다. 게임, 인터넷, 술, 도박, 쇼핑, 포르노, 성, 일, 관계 등 현대에는 다양한 중독이 있습니다.

이런 자기 포기가 심해지면, 아주 극단적인 경우로 자신의 생명을 끊어버리는 데까지 이르게 됩니다. 너무나도 안타까운 모습입니다. 이렇듯 자신과의 관계가 깨져 있습니다. 자신의 가치를 발견할 근거가 없고, 세상은 끊임없이 내게 '부족하다', '열등하다', '누구누구보다 못하다'는 소리만 들려주는데, 어떻게 자신을 사랑할 수 있겠습니까?

사람들과의 깨진 관계

이렇게 자신을 용납하지 못하고 사랑하지 못하는 사람은 당연히 마음이 좁아집니다. 간장 종지만큼 작아진 마음에 누구를 담을 수 있겠습니까? 자신도 담지 못하는데, 어떻게 다른 사람이나 이웃을 마음에 품고 사랑할 수 있겠습니까? 자신과의 관계가 깨진 사람은 이웃과의 관계도 깨집니다.

오래전에 잠실역 지하차도를 걸어가고 있을 때였습니다. 당시는 제 아이들이 아직 어릴 때였는데, 어떤 아주머니가 한 아이를 업고 지나가는 것이 보였습니다. 그 뒤에는 대여섯 살도 안 된 아이가 악을 쓰고 울면서 따라가고 있었습니다. 아이를 들쳐 업은 엄마는 2-3미터 앞에서 걸어가고 있으니, 사람 많은 복잡한 그곳에서 아이를 잃어버릴까 제가 다 염려가 되었습니다.

그래서 아이 엄마에게 "이러다 아이 잃어버리겠어요. 손이라도 잡고 가세요"라고 말하려고 다가갔습니다. 그런데 가까이 가서 그 엄마의 얼굴을 본 순간, 저는 아무 말도 할 수 없었습니다. 그분의 얼굴에는 절망이 그득하고 고통으로 일그러진 모습이었습니다. 어떤 고통인지는 모르겠지만, 얼굴이 절망으로 가득 차 있었습니다. 자기 인생의 고통이 너무 심하면, 아이가 그렇게 울면서 따라와도, 아이를 잃어버릴지 모르는 상황이어도, 그렇게 넋 놓고 걸어갈 수밖에 없습니다. 자신의 문제가 심각하면, 이웃은커녕 친자식도 사랑하기가 힘듭니다.

오늘날은 교육·정치·문화·경제 등 다양한 영역에서 세상의 문제를 해결하려고 애를 쓰는 사람들이 많습니다. 이런 영역의 일들이 모두 귀하고 필요합니다. 하지만, 결국 사람들 간의 사랑과 신뢰를 회복하지 못한다면 무엇을 해도 인간 사회의 근본 문제를 해결할 수 없을 것입니다. 자신을 사랑할 줄 모르고 다른 사람을 사랑할 줄 모르는 사람들은 세상을 좋은 방향으로 변화시키기보다는 오히려 더 심각한 문제를 일으키곤 합니다.

지금 이 책을 통해 만나고 있는 여러분들을 제가 개인적으로는 알지 못하지만, 한 가지 아는 것은, 여러분 가운데 적지 않은 사람들이 마음속에 깊은 상처를 가지고 계실 것이라는 사실입니다. 특별히 나를 사랑해줄 줄 알았던, 나를 마땅히 사랑해야 할 사람들로부터 받은 상처들이 있을 것입니다. 많은 사람이 부모님, 애인, 배우자, 자녀들에게 받은 깊은 상처를 안고 살아갑니다. 우리는 멀리 있는 사람들한테는 상처를 받지 않습니다. 마땅히 사랑을 주고받아야 할, 가까이 있는 사람들한테서 받은 상처가 마음속 깊숙한 곳에 있어, 자신이 무가치해 보이고, 더 이상 다른 사람을 사랑하는 것도 겁나고 싫고, 사는 게 의미가 없어지는 것이지요. 이것이 우리들의 깨진 모습입니다.

세상과의 깨진 관계

이렇게 깨진 모습의 우리는 세상을 잘 경영하겠다는 생각보다는, 이 세상을 당장 어떻게 이용해 먹을까만을 생각합니다. 아니, 어쩌면 세상에 대한 관심 자체가 사라져버렸는지도 모릅니다. 세상과의 관계도 깨져 있습니다. 우리가 공부하는 이유는 좋은 직업을 갖고 그 직업을 통해서 세상에서 내 몫을 해내기 위한 것인데, 적지 않은 사람들이 돈을 벌기 위해서 일한다고 말합니다. 가족을 부양하기 위한 노동은 신성한 것이지만, 자기가 하는 일을 통해서 자신의 가치를 발견하고 세상에서 자신의 몫을 감당하는 기쁨을 누려야 하는데, 이런 사명감과 기쁨을 제대로 발견하고 살아가는 사람들이 많지 않습니다.

이렇게 먹고살기 위해서 노동을 하며 살아가다 보니, 우리가 살고 있는 세상을 보살핀다는 생각은 아예 마음속에 자리 잡을 곳이 없습니다. 1970년대 말에 로마 클럽은 이미 이 지구 생태계가 깨지고 있다는 심각한 위험을 경고했습니다. 지금 지구의 상태는 심각합니다. 제가 보기에는 돌이키기 어려울 것 같습니다. 모든 사람이 자신의 편리만 추구하지, 자기 자식들이 살아갈 세상도 별로 염려하지 않습니다. 특별히 잘사는 나라들에서 자기들의 편리와 욕심을 조금도 자제하려 들지 않고, 자신들이 소비하는 에너지를 감축하려 하지 않습니다. 지구 온난화의 주범인 이산화탄소 배출을 줄여야 하지만, 이런 노력에 비해 인간의 욕심은 끝이 없어서, 이제 급속도로 심각해지는 이 환경이 불러올 재앙이 멀지 않은 것처럼 보입니다.

환경만이 아니죠. 거의 모든 영역에서 인간은 다음 세대를 생각하기보다는 그저 자기 세대, 자기 나라, 자기가 속한 집단, 자기 가정, 더 나아가서 자기 혼자만을 생각합니다. 그러다 보니 더불어 사는 세상이란, 참 멀리 있는, 무슨 꿈꾸는 소리 같은 그런 얘기가 되어버렸습니다.

인간 내면 깊숙이 있는 갈망

이 네 가지 관계에서 조화로운 모습으로 세상을 창조하셨던 하나님의 원래 계획과는 달리, 우리가 살고 있는 세상은 이 네 가지 관계가 여실히 깨져 있음을 보여줍니다. 원래는 하나님의 사랑을 입은 인간이 하나님을 사랑하고 자신을 사랑하고 이웃을 사랑하며 세상을 섬겨야 하는데, 오늘 우리가 사는 세상에서는 이런 모습을 보기 힘듭니다.

관계가 단절된 우리의 모습

인간은 우리 개개인의 불행과 사회의 갈등, 생태계의 위기 같은 문제들을 바라보며, 교육이 부족해서, 물질적으로 풍요롭지 못해서, 경제적인 억압구조 때문에, 정치적으로 부조리한 권력 때문이라 생각하고, 인류 역사 내내 다양한 방법들로 인간이 본질적으로 가지고 있는 다양한 문제를 해결하려고 애를 써왔습니다. 그로 인해 인류가 긴 역사를 통해서 여러 부분에서 진보를 이룩한 것이 사실이지만, 진보한 만큼 또 다른 문제들이 일어나고, 우리는 여전히 수많은 문제에서 벗어나지 못하고 있습니다.

그런데 신기한 것은, 세상이 원래 그렇다고 어쩔 수 없이 받아들이면서도, 우리는 우리 속에 간절한 갈망이 있다는 것을 발견합니다. 오늘 나는 어떻게 살아야 할지, 어떻게 삶의 목적과 진정한 사랑을 만날 수 있을지 고민합니다. 왜 우리는 이 고귀한 것을 얻기를 간절히 원하지만 얻지 못하는 것일까요?

다음 장에서 이 문제를 다루기 전에, 먼저 하나님이 원래 만드셨던 세상과 우리가 살고 있는 세상에 대해서 다시 한 번 깊이 생각해봅시다.

나눔 질문

1. 하나님이 세상을 만드셨을 때의 원래 계획을 듣고 난 후 당신의 생각은 어떠합니까? 당신이 이러한 온전한 관계들을 맺고 있다면, 삶이 어떻게 달라질 수 있을 것이라고 생각하십니까?

2. 당신은 우리가 살고 있는 세상이 '깨져 있다'는 말에 동의합니까? 어떤 면에서 당신은 이 세상의 깨짐을 절감합니까? 이 문제를 해결하기 위해서 개인적으로는 무엇을 합니까? 또한 인류는 이러한 문제를 해결하기 위해서 어떤 노력을 해왔습니까?

다섯 번째
이야기

세상이 깨진 이유와
죄의 본질

의식적이든 무의식적이든,
하나님을 하나님의 자리에서 몰아내고
자신이 그 중심에 서 있는 것을
성경은 죄라고 말합니다.

풍성한
삶으로의
초대

인간은 모두 사랑받고 사랑하고 싶어 하고, 또 가치와 목적이 있는 삶을 살기 원합니다. 하지만 앞 장에서 살펴보았듯이, 안타깝게도 우리가 사는 세상은 이런 우리 모두의 간절한 소망이 이루어지는 곳이기보다는, 오히려 절망을 경험하는 곳입니다. 개인과 인류 공동체가 모두 애를 쓰며 개인의 행복과 우리 모두의 보편적인 행복을 추구하지만, 세상은 여전히 여러 가지 문제들로 몸살을 앓고 있습니다. 여러 조화로워야 할 관계들, 하나님과, 자신과, 이웃과, 세상과의 관계가 깨져 있습니다.

  도대체 무엇이 문제입니까? 인간은 그토록 간절히 원하는데, 그것이 이루어지지 않는 이유는 무엇입니까? 이에 대한 여러 해석과 대안이 인간 역사에서 지속적으로 제안

되었습니다. 성경 역시 이 문제의 원인과 해결 방법을 이야기합니다. 성경은 이 근본적인 깨짐의 원인에 대해, 그리고 하나님이 어떻게 이 근본적인 문제를 해결하시고 그분이 원래 의도하셨던 세상을 회복하고 계신지에 대해 무엇이라 말할까요?

성경이 설명하는 깨진 세상의 원인, 죄

성경은 우리가 경험하는 이 깨짐의 원인을 '죄'라고 말합니다. 여러분은 죄가 무엇이라고 생각하시나요? 대다수 사람은 죄를 양심에 거리끼는 일을 하는 것, 다른 사람에게 어떤 해를 끼치는 것, 사회적으로 합의된 규범이나 법을 위반하는 것 정도로 생각합니다. 당연히, 오늘날 스스로를 죄인이라고 생각하는 사람도 많지 않습니다. 다들 나름대로 건강한 시민이라고 생각하고 다른 사람들처럼 어느 정도 양심적이라고 생각하기 때문입니다. 그런데 성경에서 이야기하는 죄는 우리가 일반적으로 생각하는 죄와는 조금 달라서 조금 더 근원적인 개념을 가지고 있습니다. 성경에서 이야기하는 죄는 무엇일까요?

앞 장에서 살폈듯이, 하나님이 우리 인간과 세상을 만드셨습니다. 세상의 중심에 하나님이 계시고, 이 하나님이 우주 만물의 존재 원칙과 질서를 세우셨을 뿐 아니라, 지금도 세상이 유지될 수 있도록 붙들고 계신다고 성경은 이야기합니다. 그런데 우리는 이 하나님을 우주와 우리 사회와 내 인생의 중심에서 몰아내버리고, 우리 자신이 모든 것의 중심이 되어버렸습니다. 의식적이든 무의식적이든 이렇게 하나님을 하나님의 자리에서 몰아내고, 자신이 그 중심에 서 있는 것을 성경은 죄라고 말합니다.

이 죄를 매우 상징적으로 설명해줄 수 있는 것이 죄를 뜻하는 영어 단어 SIN입니다. 이 SIN이라는 단어의 한가운데 있는 알파벳이 바로 'I'입니다. 'I-centeredness', 내가 모든 것의 중심인 것, 이것이 죄의 본질입니다.

$$S\ I\ N$$

이것이 왜 죄냐고요? 하나님은 우리 인생뿐 아니라 우주 만물을 그분이 중심이 되어 움직이도록 창조하셨기 때문입니다. 인간은 우연히 존재하게 된 것도, 스스로 존재하게 된 것도 아닙니다. 하나님이 창조하셨습니다. 그러므로 인간은 주인이 아닙니다. 우리는 태어날 때 모든 것을 부여받았습니다. 내가 남자인 것도, 대한민국에 태어난 것도, 이만한 키와 이만한 지능과 육체적인 능력을 가진 것도, 나의 기질도, 모두 다 주어진 것입니다. 하나님이 모두 주셨습니다. 하나님이 주인이십니다.

그런데 인간은 이 모든 것을 다 자기 것이라고 생각합니다. 본능적으로 내가 내 인생의 주인이라고 생각하기 때문에, 나와 온 우주의 주인이신 하나님을 무시하는 것이죠. 이것은 심각한 문제로, 우리가 하나님의 주권을 찬탈한 것이라고 할 수 있습니다. 주인이 아닌데도 우리 모두가 주인 행세를 하고 있는 것입니다. 이것은 비유적으로 말하면, 천동설과 같습니다. 지구는 태양을 중심으로 돌고 있는데 지구가 중심에 있고 나머지 모든 천체가 나를 중심으로 돌고 있다고 생각하는 것처럼, 마치 인간 자신이 모든 것의 한가운데 있고 나머지 모두가 자기를 중심으로 돌고 있다고 착각하는 것이죠.

이를 인간 편에서 묘사하자면, 인간의 본질적 특성을 상실한 것이라 할 수 있습니다.

인간의 본질적 특성의 상실

하나님을 하나님으로 여기지 않으니, 그것은 인간에게 가장 중요한 본질적 특성인 하나님과의 인격적 관계가 깨져버린 상태입니다. 이렇게 인간의 본질적 특성을 잃어버렸으니, 다른 피조물들과 별 다를 바가 없어지는 것이지요. 그래서 적지 않은 사람들이 인간은 그저 동물의 하나라고 이야기하며, 본능에 따라 사는 것이 가장 아름답다고 주장하기까지 합니다. 그러나 성경의 하나님은 동물도 아름답게 창조하셨지만, 하나님과 인격적 관계를 맺을 수 있는 인간은 결코 다른 동물과 같을 수 없는, 특별한 존재로 창조하셨다고 말씀하십니다. 그런데 나 자신이 모든 것의 중심이 되면서, 하나님과의 그러한 관계가 깨져버렸습니다.

한번은 비행기에서 옆에 앉은 미국인과 대화를 나누면서, 그러한 인간의 상태를 떠올린 적이 있었습니다. 장시간 비행을 하면서 옆 사람과 이야기를 많이 나누는 것도 피곤해서 책을 읽고 있었는데, 그 사람도 지루했는지 제게 말을 걸어왔습니다. 탐탁지 않게 대화를 시작했는데, 알고 보니 그는 전투기를 모는 비행사였습니다. 그것도 18년 동안 F16을 몰았다는 것입니다. 당시는 걸프 전쟁이 일어난 직후였는데, 바로 그 전쟁에도 참여했다는 것이었습니다. 그래서 그분에게 물어봤습니다.

비행기를 타고 나갈 때 무엇이 제일 두렵냐고요. 그분은 미사일 맞을 때라고 하셨습니다. 그거야, 당연하지요. 미사일 맞는 것이 가장 무섭겠죠. 그것 말고 다른 것은 없느냐고 묻자 그는 엔진이 설 때가 가장 무섭다고 말했습니다. 최첨단 비행기이지만, 이착륙할 때 엔진에 새 같은 것이 들어가면 그냥 폭발해버린답니다. 그러면 제대로 탈출하지도 못하기 때문에 제일 위험하답니다. 초정밀 기계들을 탑재한 비행기도 엔진이 서면 추락할 수밖에 없습니다. 인간은 분명 다른 피조물과 달리 다재다능한 능력을 가지고 있지만, 하나님과의 관계가 깨지면, 그것은 마치 엔진을 잃은 F16 전투기처럼 추락하게 되어 있습니다.

인간의 지적 능력, 예술적 창의력, 박애적 사랑, 사회적 협력 등 이 모든 것은 하나님과 인격적 관계를 맺고 있을 때, 즉 하나님이 우리 인생의 주인 자리에 계실 때, 제대로 의미 있게 사용할 수 있습니다. 하나님과의 관계는 단지 종교적 영역이라는 인생의 일부분이 아니라, 우리 인생의 핵심 부분입니다. 이 관계가 깨지면, 사람들은 자신의 삶의 의미와 가치를 찾고 사람들과 관계를 제대로 맺을 수 있는 근원적인 힘과 지혜를 잃어버립니다. 하나님이 주인이 아닌 인생은 추락하고 있다는 것이지요.

우리가 교육도 받고, 돈을 벌어 경제적으로 안정된 삶을 살고, 사랑을 하고 결혼을 하고 아이를 낳아 키우며, 심미적인 감각을 가지고 아무리 멋지게 살아가더라도, 하나님과의 관계가 깨졌다면, 우리가 가진 그 모든 것이 제자리를 찾을 수 없습니다. 추락하는 전투기처럼 잠시 동안만 가치 있는 것입니다. 하나님과의 깨진 관계를 해결하지 않는 한, 인간의 본질적 문제는 물론, 우리가 사는 세상의 본질적 문제도 해결할 수 없다는 것이, 인간과 세상에 대한 성경의 근원적이고 분명한 진단입니다.

인격적인 모욕: 무시

이렇게 하나님을 우리 인생의 중심부에서 몰아내고 자신의 소견에 옳은 대로 사는 것을 하나님 편에서 표현하자면, 그것은 우리를 특별한 존재로 만드시고 사랑을 나누기 원하시는 하나님을 무시하는 것입니다. 이것은 심각한 문제가 아닐 수 없습니다. 인간관계에서 가장 힘들고 기분 나쁠 때가 언제입니까? 무시당할 때입니다. 무시당할 때 기분 좋은 사람은 아무도 없습니다. 아무리 어린아이 같은 사람에게 무시를 당해도, 별로 중요하지 않은 사람에게 무시를 당해도 무시당하는 것은 기분 나쁩니다. 무시는 그 사람의 존재가 없다고 여기는 것이기 때문입니다. 무시는 그 사람이 아무런 가치도 의미도 없다고 여기는 것입니다. 쳐다볼 필요도 없다는 것입니다.

죄란 본질적으로 나의 인생살이에서 하나님을 무시해버리는 것입니다. 우리를 사랑하시고 우리를 지으시고 우리에게 삶의 의미와 가치와 목적을 주시는 하나님이 없다고 믿는 것입니다. 이것은 하나님을 모욕하는 것입니다.

하나님을 믿지 않고 무시한다는 이유 하나만으로, 착하고 훌륭하고 좋은 일도 많이 하는 사람을 죄인이라고 하는 것은 좀 지나치지 않느냐고들 말합니다. 예를 하나 들어보겠습니다. 여러분에게 평소에 아주 좋아하는 훌륭한 친구가 있는데, 그 친구가 여러분을 집에 초대했다고 생각해보십시오. 그 친구 집에 가보았더니, 정말 밖에서 보던 그 친구의 이미지처럼 너무 멋있었습니다. 고상하고, 자기 나름대로의 세계가 있고, 집도 그 사람의 가치관에 걸맞게 잘 꾸며놓았습니다. 그런데 같이 식사하며 대화를 나누고 있는데, 뒷방에서 자꾸 무슨 소리가 납니다. 무슨 소리냐고 물으니, 몰라도 된답니다. 식사 후 화장실에 가는 길에 우연히 그 방을 들여다보니, 그 친구의 늙으신 어머니가 제대로 씻지도 않은 모습으로 더러운 음식을 먹고 계셨습니다. 만약 여러분이 이런 모습을 보게 된다면, 그 친구를 좋은 친구라고 생각하겠습니까? 세상과 나를 창조하신 하나님을 무시하는 것은 자기를 낳아준 어머니를 홀대하는 것과는 비교할 수 없을 정도로 심각한 문제입니다.

가만히 생각해보면, 우리는 우리 자신을 특별히 죄인이라고 생각할 이유가 별로 없어 보입니다. 사회적 합의와 법이 엄연히 존재하는 사회에 살면서 특별히 죄를 짓지 않기 때문입니다. 그러나 특별히 죄를 짓지 않는 이유가 우리가 도덕적으로 더 진보해서라고 말할 수 있을까요? 우리가 죄를 짓지 않는 이유는, 죄를 지으면 죄에 대한 대가를 지불해야 하기 때문입니다. 우리가 도덕적이어서가 아니라 사실은 죄를 지으면 그에 대해 금전적, 또는 민형사상의 책임을 져야 하기 때문입니다. 사회가 발전하면서 적절한 법적 규제가 생겼기 때문에, 인간이 본능적으로 살면 드러날 많은 죄를 피하게 되는 것입니다.

그러나 성경은 이렇게 사회적으로 통제되는 죄만을 이야기하는 것이 아니라, 더 본질적인 부분을 말합니다. 죄란 우리 인간 세상과 사회를 가능하게 하신, 모든 존재의 근원이신 하나님을 무시하는 것이라고 말합니다. 우주의 주인이신 하나님을 의식하지 않고 무시하며 살아가는데, 어떻게 겉으로 드러난 행동이 깨끗하다고 해서 그 사람에게 문제가 없다고 얘기할 수 있겠습니까?

하나님은 우주의 중심이십니다. 이 하나님을 무시하기 때문에, 하나님은 인간에게 분노하십니다. 사랑의 하나님이 어떻게 분노하시느냐고요? 분노는 부당한 것, 옳지 않는 것을 볼 때 나타나는 인격적인 반응입니다. 우리가 부당하게 대우받을 때 분노하는 것은 인격적이신 하나님을 닮았기 때문입니다. 인간이 하나님을 무시할 때, 하나님은 인간을 향해 정의로운 분노를 품을 수밖에 없습니다. 하나님의 정의로운 분노는 우리가 인생을 마감하고 난 이후 모든 인간에게 정의롭게 쏟아질 것이라고 성경은 말합니다. 그러나 하나님의 공의로운 심판은 이렇게 아무도 알 수 없는 미래에만 오는 것이 아니라 현재에도 임하고 있습니다.

죄의 영향력

하나님을 무시하는 태도는 우리의 현재 삶에 심각한 영향을 끼칩니다. 하나님은 우주를 대충 만들어놓으신 것이 아니라 하나님의 법도에 따라서 만들어놓으셨습니다. 일종의 원칙이 있죠. 모든 행성이 일정한 원칙에 따라 움직이고, 만물이 그러한 원칙에 따라 존재하고, 동물들도 각각의 원칙을 지키며 존재합니다. 모든 창조세계가 하나님을 무시하지 않고 존재합니다. 그러나 인격적 존재인 인간은 하나님을 무시하고, 그렇게 하나님을 무시함으로 당연히 그분이 세우신 원칙도 같이 무시하게 되었습니다.

이렇게 하나님이 인간을 위해 만들어주신 원칙을 무시하면, 누가 가장 큰 피해를 볼까요? 하나님일까요? 아닙니다. 당연히 그 원칙을 무시한 사람이 피해를 봅니다. 죄란 우리에게 심각한 손해를 끼치고 마지막에는 결국 생명의 근원이신 하나님과 영원히 분리되는 죽음에까지 이르게 만듭니다. 이것이 죄의 속성입니다.

아주 쉬운 예를 들지요. 어릴 적에 슈퍼맨 놀이 해보셨나요? 저도 어릴 때 좀 했습니다. 목에 보자기 묶고 뛰는 거죠. 좀 높은 데서 뛰는데, 보자기가 펄럭거리고 날아가는 것 같아 재미있잖아요? 소파에서 뛰어 내리다가 탁자나 장롱 위로 자리를 옮기고, 그러다가 2층에서 뛰어내릴 수도 있습니다. 발목 정도 부러지면 다행이지요. 3층에서 뛴다면 목뼈가 부러질지도 모릅니다. 사소한 물리 법칙을 거슬러보려 해도 인간은 피해를 볼 수밖에 없습니다.

이러한 물리 법칙 외에도, 인간이 무시하지 말고 지키면서 살아가야 할 원리들이 있습니다. 인간관계를 맺는 법, 특히 사랑하는 법, 돈을 벌고 쓰는 법, 불의를 다루는 방법, 사회적 약자를 돌보는 법, 우리에게 주어진 자연과 자원을 사용하는 법 등 인생을 살 때 필요한 여러 법칙이 있는데, 이 원리를 하나님이 만드셨습니다. 인간이 인간답게 살 수 있도록 해주는 이 원리들을 성경에서 가르치고 있습니다. 그러나 하나님을 무시한 인간들은 이런 원리들도 무시하며 살아가고 있습니다.

이 원리들 중에서 가장 중요한 원리인 사랑에 대해 한번 생각해볼까요? 모든 사람이 사랑을 합니다. 그러나 자기 방법대로, 세상 방식과 유행에 따라 사랑합니다. 다행히 사람들이 인간과 사회를 연구하면서 이런저런 사랑의 원리를 찾아내기도 하고, 자기 성찰을 통해 사랑을 어렴풋이 알기도 해서, 누구든 사랑이 무엇인지 조금은 압니다. 수많은 노래를 지어서 부르기도 합니다. 사랑과 관련된 서적도 넘쳐납니다. 그럼에도 사랑으로 인한 고통과 아픔은 우리 인생과 세상에서 사라지지 않습니다. 그래서 사람들은 그 슬픔과 고통을 노래로 만들어 부릅니다. 사랑이 무엇인지 제대로 알려면, 인간을 사랑하게 만드신 하나님을 무시하지 않고, 그분이 만드신 사랑의 원리를, 그분이 스스로 보여주신 사랑의 원리를 배워야 하는데, 사람들은 이 원리에 무지합니다.

앞에서도 언급했지만, 이러한 원리들을 무시하면 가장 먼저 우리 자신에게 손해가 옵니다. 그 다음에는 가장 가까이 있는 사람들에게 피해를 줍니다. 또 이러한 죄는 사회적으로나 문화적으로, 더 나아가 생태적으로 쌓여서 인류 전체에 심각한 영향을 끼칩니다. 이것이 죄의 치명적인 모습입니다. 모든 인간은 잘 살고 싶고, 행복하게 살고 싶고, 의미 있게 살고 싶어 합니다. 그러나 하나님을 무시하고 그분이 지으신 원리에 무지하면, 인생은 시간이 갈수록 더 꼬이고, 더 많은 문제가 생기고, 아픔과 고통이 많아지게 되는 것이죠. 개인의 고통과 더불어 사회와 세상은 끊임없는 불화와 불의로 시름에 잠기게 됩니다.

죄에 대한 심층적인 설명

이 죄에 대해서는 조금 더 심층적으로 얘기해볼 필요가 있습니다. 다음에 나무가 한 그루 있습니다.

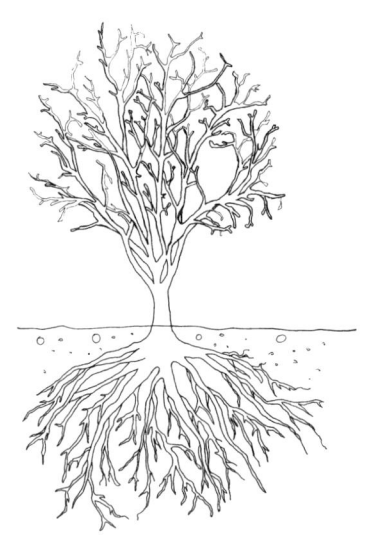

  이 나무가 무슨 나무일 것 같습니까? 뿌리와 가지가 있지만 무슨 나무인지 알기란 힘들 것입니다. 과수원집 아들 정도면 나무 등걸만 보고도 어떤 나무인지 알 수 있을지 모르겠지만, 보통 사람들은 열매나 꽃이 없다면 무슨 나무인지 알기 힘듭니다.

  다음 페이지의 나무를 보십시오. 똑같은 나무인데 잎사귀와 열매가 있습니다. 무슨 나무입니까?

당연히 사과나무입니다. 누구든지 그 열매를 보고 사과나무인지 압니다. 물론 조금 관심이 있는 사람은 잎사귀와 꽃만 보고도 사과나무인지 알 수 있을 것입니다. 이렇게 잎사귀, 꽃, 열매는 그 나무가 어떤 나무인지 우리가 분명히 알 수 있게 해줍니다.

그러면 다음 나무를 보십시오. 이 나무는 무슨 나무인지 알 수 있겠습니까?

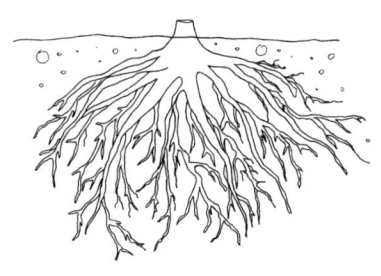

　무슨 이유인지 모르겠지만 이 나무는 밑동만 남긴 채 잘렸습니다. 잎사귀나 꽃과 열매는 물론이고 줄기도 없는 이 그림을 보고, 이 나무의 이름을 알 수 있을까요? 아마 과수원지기나 농학 박사 정도는 되어야 이 밑동만 보고도 무슨 나무인지 알 수 있을 것입니다.

　이 이야기는 죄를 심층적으로 설명해줍니다. 사람들은 꽃, 열매, 잎사귀를 죄라고 생각합니다. 즉 눈에 보이는 것만을 죄라고 생각하는 것이지요. 이것은 사회 규범, 즉 도덕, 윤리, 법을 어겼을 때 나타나는 것으로, 모든 사람이 다 알아볼 수 있습니다. 그러나 성경에서는 이것을 죄의 본질이라고 보기보다는 죄로 말미암은 결과, 죄의 열매라고 이야기합니다. 사과나무에 사과가 달리면 그 나무가 사과나무인지 금방 알 수 있듯이, 이렇게 행위로 나타난 죄의 열매에 대해서는 모든 사람이 죄라고 인식하고, 죄라고 동의하기가 어렵지 않습니다.

그러나 죄는 이렇게 눈에 보이는 부분만 있지 않습니다. 예를 들어, 마음속에 다른 사람을 향한 분노가 일어나서 죽이고 싶을 정도의 증오로 발전하기도 합니다. 질투심이 생겨나고 탐욕이 생겨나기도 합니다. 음란한 생각이 마음속을 휘젓고 다닐 수도 있습니다. 이렇게 마음속으로는 온갖 일들이 일어나지만, 행동으로 옮기지 않을 수 있습니다. 이처럼 마음속에서 일어나는 일을 다루는 것이 종교입니다. 즉 마음을 다루는 것이지요. 고등종교일수록 마음을 다루는 일에 집중합니다. 겉으로 나타나는 것만이 중요한 것이 아니라 마음속이 중요하다고 생각합니다. 이를 마음공부라고도 하지요.

예수님도 이런 말씀을 하셨습니다. 남자들에게는 참 불편한 말씀이죠. "지나가는 여자를 보고 음욕을 품는 자마다 간음한 것이다"(참고. 마태복음 5:28). 그런 마음을 품기만 했는데, 행동으로 옮기지도 않았는데도 간음한 것과 마찬가지라고 하십니다. 여자들을 힘들게 하는 말씀도 하셨습니다. "아, 저 인간은 왜 저래? 정말 꼴불견이야"라고 마음으로 생각하는 것에 대해서, "다른 사람을 향해 바보라고 말하면 살인한 것이다"(참고. 마태복음 5:22)라고 말씀하십니다. 다른 사람을 무시하고 싫어하는 마음을 갖는 것 자체가 살인이라고까지 이야기하는 이유는, 바로 마음이 중요하기 때문입니다. 잎사귀와 열매를 다 없애버려도 사과나무는 사과나무입니다.

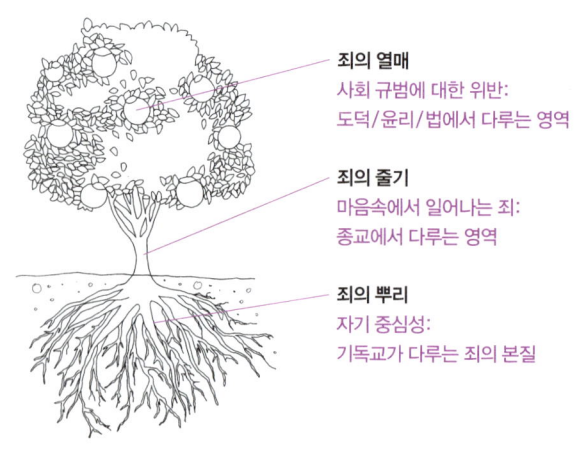

죄의 열매
사회 규범에 대한 위반:
도덕/윤리/법에서 다루는 영역

죄의 줄기
마음속에서 일어나는 죄:
종교에서 다루는 영역

죄의 뿌리
자기 중심성:
기독교가 다루는 죄의 본질

그런데 성경에서 이야기하는 본질적인 죄는 단지 마음을 의미하는 줄기만이 아니라, 그보다 더 깊이 위치한 뿌리와 관련이 있습니다. 즉 하나님이 우주와 나의 중심이신데, 내가 주인이 된 상태가 죄의 본질이라는 것입니다. 내가 주인인 상태라면, 마음을 아무리 깨끗이 닦아도 난 여전히 죄인이라고 성경은 말합니다. 마음공부를 하고 착하게 살아 눈에 띄는 죄를 저지르지 않는다 할지라도, 근본적으로 하나님을 무시하기 때문에 본질적으로 죄인이라는 것입니다. 열매와 잎사귀를 없애버려도 사과나무는 사과나무이고, 나무 몸체를 댕강 잘라버려도 그 나무는 사과나무입니다. 뿌리가 사과나무이니, 마음을 잘 닦으며 유지하지 않으면 줄기가 나오고, 겉으로 아무리 조심하여도 결국 마음속에 있는 것이 행동으로 나온다는 것입니다.

하나님과의 관계가 깨져 있다는 것은 이렇게 우리 마음과 실제 행동에 영향을 줍니다. 마음을 닦고 공부를 하면 할수록 우리 속에 있는 이기심과 집착을 발견하게 되고 그것을 태워 없애려 애를 쓰지만, 그것들을 모두 제거하는 경지에 이르는 사람이 거의 없는 이유가 여기에 있습니다. 인간은 이렇게 본질적인 문제를 안고, 인간의 문제를 해결하려고 애를 씁니다. 개인적인 여러 가지 문제뿐 아니라, 인류가 당면한 여러 문제들도 세상을 만드신 하나님을 무시한 채로 해결하려 듭니다. 그러나 문제를 해결하려고 애를 쓰면 쓸수록 오히려 문제가 더 어려워지는 것을 경험합니다.

처음에는 갈등을 해결하려고 이야기를 시작하지만 결국 더 큰 갈등으로 관계가 깨지는 것을, 가정과 친구 관계, 직장, 세상 속의 여러 집단 가운데서 발견하지 않습니까? 이혼을 피하려고 애를 쓰다가 오히려 더 상처를 주고받아 더 황폐해진 모습으로 이혼하는 부부를 볼 때 얼마나 안타까운지요? 인류 문명의 발전이 자랑스럽고 기쁘지만, 늘 진보한 만큼 그늘이 함께 옵니다. 과학 기술의 발전이 우리 인류에게 엄청난 혜택을 주지만, 동시에 인류의 존재 자체를 위협하는 아이러니를 우리는 간과할 수 없습니다. 자본주의가 발달해서 인류 역사상 이토록 풍요로운 생산성을 자랑한 적이 없지만, 세상의 절반이 굶고 있는 이 아이러니를 우리는 목도하고 있습니다. 한쪽에서는 천국 비슷한 데서 사는데, 다른 한쪽에서는 비참한 정도를 넘어서 생존 자체가 어려운 세상이, 우리가 살고 있는 이 지구의 현실이라는 사실을 우리는 잘 알고 있습니다.

죄의 본질에 접근하는 일은 근본적이고도 시급한 일이 아닐 수 없습니다.

죄, 어떻게 해결할 것인가

여러분은 이 죄의 문제를 어떻게 해결하고 계십니까? 다시 말해서, 하나님이 주인인 세상에서, 하나님이 주신 나의 인생을 가지고, 하나님 없이 살아가는 것이 괜찮겠느냐는 것입니다. 어떤 사람은 어쨌건 "나는 내 힘으로 한번 인생을 살아보겠다. 시행착오도 의미 있지 않느냐?"고 말하기도 합니다. 그러나 기억하여야 할 것이 하나 있는데, 그것은 우리 인생이 수돗물처럼 콸콸콸 계속 흘러나오는 물이 아니라는 것입니다. 우리는 제한된 짧은 인생을 살고 있습니다. 내 인생의 양이 1.5리터짜리 병일지, 더 작은 생수병일지 잘 모릅니다. 내 인생은 시간이 흐르면서 계속 소모되고 있습니다.

내 인생이니 그냥 한번 살아보겠다는 마음 자체가 죄의 본질을 반영하는 자세이지만, 아직 하나님 없이 사는 삶이 그럭저럭 괜찮다고 생각하는 사람들은 하나님에 대한 진지한 질문을 진행하기가 어렵습니다. 하나님을 알게 되는 것, 우리를 향하신 그분의 뜻을 알게 되는 것은 취미 생활을 찾듯이 해서는 얻어질 수 없습니다. 자신의 인생에 대해서, 존재에 대해서 진실한 문제의식이 없다면, 하나님을 만날 수 없습니다.

그러나 만약 지금까지 살아온 인생을 돌아보며, 내가 중심이 되어서 내 소견에 옳은 대로 내 지혜와 내 취향대로 살아보니 더 이상은 안 되겠다고 생각한다면, 그뿐만 아니라 지금까지 살아온 것을 볼 때 앞으로도 이렇게 살아서는 내 인생에 답이 없겠다고 진지하게 생각한다면, 그때 그 사람은 이 근본적인 문제가 하나님과의 관계가 끊어져 있기 때문이고, 그래서 죄가 그토록 심각한 문제라는 사실을 진지하게 생각해볼 수 있습니다.

솔직하게 말해서, 하나님 없이 스스로 잘 살 수 있다고 생각하는데, 기독교와 성경의 하나님을 진지하게 고민해볼 필요가 있을까요? 지금까지 살아온 방식으로 계속 그렇게 살아서는 안 되지 않겠는가 하는 깨달음이 있어야, 또 그분을 중심으로 인생을 제대로 살아볼 수 있다면 그렇게 해보겠다는 진실한 각성이 있어야, 성경에서 진단하는 우리 인간의 문제, 내 인생의 문제에 귀 기울일 수 있을 것입니다. 성경은 삼라만상의 주인이신 하나님을 무시하고 내가 주인 행세 하는 것이 우리 인간의 문제이고, 인간 사회의 문제이고, 세상의 문제라고 진단합니다. 이 근본 문제가 해결되지 않고서는 지난 수천 년 동안 만들어온 문명과 과학에도 불구하고 인간의 문제는 해결되지 않습니다.

그렇다면 우리가 우리 개인과 세상의 심각한 문제로 고민할 때, 하나님은 우리를 위해서 무엇을 하실까요? 멀리

서 팔짱 끼고 바라보시면서, "너희끼리 알아서 해봐라. 너희가 나를 버리고 떠났으니 너희들 문제는 너희들이 해결해라. 너희가 파놓은 함정에 너희가 빠졌으니 너희 잘못이 아니냐?"라고 하실까요? 지난 장에서 우리는 하나님이 어떤 분이라고 이야기했나요? 우리를 너무 사랑하시는 분이라고 말했습니다. 그래서 그 하나님은 우리의 이런 곤경, 헤쳐 나올 수 없는 인간의 문제, 사회 문제, 이 문제에 갇혀 있는 우리에게 해결 방법을 제안하십니다. 하나님이 인간을 찾아오셔서 그 문제를 해결할 수 있는 길을 열어주신다고 하십니다.

하나님은 우리를 무시하는 비인격적 존재가 아니시기 때문에 그 해결 방법을 보여주시고, 우리에게 진실한 인격적 반응을 기대하십니다. 이것이 바로 다음 장에서 다룰 이야기입니다. 그러나 이번 장을 마무리하면서 우리가 다시 한 번 생각해봐야 할 것은 다름 아닌, "나는 정말 죄인인가? 세상에서 얘기하는 도덕적인, 사회 윤리적인 죄인이 아니라 성경에서 얘기하는 그 죄인인가? 나는 하나님 없이 내 소견에 옳은 대로 살고 있는 존재인가? 이렇게 하나님 없이 내가 주인인 삶을 계속 살아도 정말 괜찮겠는가?" 하는 것입니다. 이런 진실한 고민이 있을 때, 하나님의 해결책이 의미 있기 때문입니다.

나눔 질문

1. 지금 우리가 살고 있는 세상이 깨진 이유를 성경은 무엇이라고 설명합니까? 당신은 이에 대해 어떻게 생각합니까?

2. 지금까지 나눈 이야기를 볼 때 당신은 죄인입니까? 어떤 면에서 그렇습니까? 또는, 어떤 면에서 그렇지 않다고 생각합니까?

3. 당신은 이 죄의 문제를 어떻게 해결할 수 있다고 생각합니까?

여섯 번째
이야기

하나님의 해결책과
나의 응답

하나님은 자신이 우리를 위해서 위대한 사랑을 하셨으니,
우리는 무조건 따라가기만 하면 된다고 말씀하지 않으십니다.
하나님은 우리에게 이 사랑의 이야기를 들려주시고,
우리의 인격적인 반응을 기다리십니다.

풍성한
삶으로의
초대

우리는 매일 뉴스에서 끔찍하고 아프고 혼란스럽고 고통스러운 보도를 듣습니다. 주변 사람들이 육체적·심리적·관계적·경제적 어려움을 겪는 것을 보기도 합니다. 이런 문제들로부터 자유로운 사람은 하나도 없을 것입니다. 어쩌면 이 책을 읽고 있는 사람들 가운데서도 인생의 사막 같은 시기를 보내고 있는 사람들이 있을지도 모릅니다. 그것이 다른 사람들과의 관계 문제든, 경제적인 어려움이든, 아니면 심리적·정서적·육체적인 어려움이든, 아니면 사회적 불의로 인한 고통이든 간에, 그 무엇에도 자유로운 사람은 없습니다.

　우리는 자신의 문제로부터 인류와 사회 공동체의 문제에 이르기까지 최선을 다해서 이 문제들을 풀어가려고 애를 써왔습니다. 그러나 우리는 개인적으로, 사회적으로 여전히 많은 문제와 고통을 겪고 있습니다. 이러한 상황에서 당면한 문제들을 피하려 할 것이 아니라, 먼저 우리 인간이 개인적으로나 사회적으로 또는 세계적으로 겪고 있는 곤경과 여러 문제들을 직면하는 것이 필요합니다. 정직한 직면은 언제나 중요합니다. 그렇게 할 때에야, 하나님은 어떤 답변을, 어떤 해결책을 주셨는지에 진실한 관심을 기울일 수 있습니다. 우리 인간의 곤경과 여러 문제에 대한 하나님의 해결책은 무엇일까요?

하나님의 해결책

우리 문제에 대한 하나님의 진단은 '죄'였습니다. 하나님이 세상과 나의 중심이신데, 의식적이든 무의식적이든 우리 자신이 그 자리를 찬탈하여 하나님 자리에 있는 것이 문제의 근원이고, 여기에서 우리 인간의 비극이 다각도로 나타나게 되었다는 것이지요.

하나님은 이런 인간을 보시고, 우리 죄의 대가를 우리에게 지우실 수 있었습니다. 아니, 그렇게 책임을 묻는 것이 정의로운 하나님께는 당연한 일이었습니다. 그러나 성경의 하나님은 인간 스스로가 이 문제를 해결할 수 없음을 아셨습니다. 그래서 자신이 이 문제를 근본적으로 해결하기로 결단하십니다. 하나님이 스스로 인간이 되어 이 땅에 오셔서 우리 인간의 문제를 해결하기로 하신 것입니다. 우리 능력으로는 하나님을 알 수 없는 우리의 한계, 그리고 죄로 인해 하나님과 깨진 관계를 하나님이 해결하려고 하십니다.

바로 이 점에서, 예수 그리스도는 핵심적으로 중요한 분입니다. 예수님은 고작 30년 조금 넘게 사셨습니다. 또 3년도 채 안 되는 기간에 제자들을 가르치셨는데, 그 제자들도 참으로 평범 이하의 사람들이었습니다. 갈릴리 촌 출신의 어부들과, 유대인들에게 매국노로 멸시를 당하던 세무 징수원(세리)이 그의 제자였습니다. 그런데 그들이 이 예수님을 만나고 인생이 바뀌었습니다. 부처님의 경우와는 매우 대조되는 모습이지요. 석가모니는 예수님과 비슷한 30대 정도에 깨달음의 경지에 이른 이후에 거의 50년을 가르치셨습니다. 물론 그의 제자들은 처음부터 뛰어난 엘리트들이었고, 결국 기라성 같은 제자들이 석가모니의 뒤를 잇습니다. 그러니 불교라는 종교가 시작된 것은 너무

나 당연합니다. 종교 사회학적으로 충분히 이해할 수 있는 일입니다.

그러나 예수님은 젊은 시절에 짧은 기간 평범한 사람들을 가르쳤습니다. 겨우 3년간 평범한 사람들을 가르쳤습니다. 그런데 그들의 인생이 변화되었습니다. 기독교는 이렇게 시작되었습니다. 실제로 예수님은 기독교의 핵심이라 할 수 있습니다. 그분은 자기 자신이 인간의 문제에 대한 하나님의 해결책이었다고 주장했습니다. 그렇다면 이제, 어떤 면에서 예수님이 하나님의 해결책이었는지 살펴봅시다.

예수님이 하신 일 1: 하나님이 어떤 분인지 보여주심

먼저 예수님이 특별한 점은, 그분이 자신의 가르침을 통해 자신을 하나님과 동일시했다는 것입니다. 하나님은 본질적으로 인간과 다른 분입니다. 그러므로 인간이 하나님을 아는 것은 근본적으로 불가능합니다. 이 한계를 잘 아시는 하나님은 인간이 가장 잘 알 수 있는 방법으로 자신을 드러내셨습니다. 하나님이 인간이 되신 것이지요. 인간의 눈높이에서 하나님을 경험하고 이해할 수 있게 하신 것입니다.

책의 서두에서도 이야기했지만, 하나님은 인간과 소통하시는 분입니다. 그분은 받아들이는 자 편에서 가장 좋은 방법을 택하셔서, 우리에게 자신이 어떤 분인지를 보여주셨습니다. 만약 하나님이 먼저 이런 방식으로 우리에게 자신을 보여주지 않으셨다면, 우리는 하나님이 어떤 성품을 가지신 분이고, 어떤 뜻을 가지고 계신지 알 수 없었을 것입니다. 암중모색이 우리가 할 수 있는 최선이었을 것입니다.

실제로 예수님을 따르던 자들도 예수님의 생전에는 혼란스러워하며 좌충우돌했고, 그분이 십자가에서 죽으실 때는 모두 그를 배반하고 도망갔습니다. 그러나 부활하신 예수님을 만나고 난 이후부터는 그분이 하나님이심을 깨닫고, 예수님이 하신 말씀과 행적을 통해 하나님이 어떤 분이시고 인간을 향해 어떤 뜻을 가지고 계신지에 대해 눈이 열리게 되었습니다. 그래서 그들은 구약 성경을 기록한 유대인의 전통에 따라, 자신들이 목도한 인간이 되신 하나님의 이야기를 신약 성경에 기록하였던 것입니다.

우리는 이 성경을 통해서 예수님이 어떤 분이시고, 무슨 일을 하셨는지 알 수 있습니다. 또 그 예수님을 통해서 하나님이 어떤 성품을 가지고 계시고, 어떻게 세상의 다양한 사람들을 만나시는지 보게 됩니다. 그분은 거지, 온갖 병자들, 창녀와 매국노로부터 평범한 농부와 어부, 사회의 저명인사와 부자, 종교적 지도자에 이르기까지 다양한 사람들을 만나셔서 그들을 인격적으로 대하시며 사랑하십니다. 깊은 연민과 사랑으로, 해학과 눈물로, 촌철살인의 깨우침과 무서운 경책으로 사람들을 대하시는데, 이를 통해 우리는 하나님이 어떤 분이신지를 알게 됩니다. 또 예수님의 가르침을 통해서, 하나님을 믿고 따르는 자들이 어떻게 살아야 하고, 하나님은 인간 역사에서 어떤 일을 하고 계시고, 또 하실지를 알게 됩니다.

개인적으로 제가, 예수님에 대하여 증거하는 사복음서(마태복음, 마가복음, 누가복음, 요한복음)를 좋아하는 이유는, 그 복음서들을 통해 나의 지적·영적 능력으로는 도무지 깨달을 수 없는 하나님과 인간 세상을 향한 그분의 계획을 알 수 있기 때문입니다. 하나님에 대한 이토록 고급 정보를 담은 자료가 세상에 또 어디 있겠습니까? 인간으로 오신 하나님, 예수 그리스도가 우리에게 계시지 않았다면, 사실 이 책을 쓰는 것도 불가능했을 것입니다.

예수님이 하신 일 2: 인간을 대신하여 죽으심

자신의 인격과 삶, 사역과 말씀을 통해서 하나님을 드러내신 예수님은, 자신이 이 땅에 온 궁극적인 목적은 세상의 근원적인 문제를 해결하고 깨진 세상을 회복하는 것이라고 말씀하셨습니다. 그리고 이러한 회복은 예수님이 예고한 죽음과 부활을 통해 이루어질 것이었습니다. 예수님이 이 땅에 오셔서 하신 일 중에 가장 중요한 것이, 놀랍게도 죽는 것이었습니다. 마태, 마가, 누가, 요한복음은 예수님의 죽음을 그저 가볍게 다루지 않습니다. 오히려 각 책의 30~40%에 해당하는 분량을 그분의 마지막 일주일에 집중함으로써 예수님이 왜 죽었는지, 어떻게 죽었는지, 그 죽음의 의미가 무엇인지를 이야기하고 있습니다.

예수님도 마태, 마가, 누가복음에서 자신이 죽고 부활할 것이라는 사실을 세 번이나 반복해서 예고하셨습니다. 세 복음서 저자는 각각의 시각에서 예수님에 대해 증언하고 있어 그분을 입체적으로 이해하도록 돕지만, 이 세 번의 반복적 예고가 세 복음서 모두에 동일하게 채택되어 있는 것은 예수님의 죽음과 부활이 얼마나 중요한지를 보여주는 대목입니다.

예수님이 이 땅에 오셔서 많은 일을 하셨지만, 그중에서 가장 중요한 미션을 한마디로 요약하면, 하나님을 등지고 하나님을 배반하고 자기중심주의로 주인 행세하는 우리 죄에 대한 모든 대가를 예수님 자신이 대신 지셨다는 것입니다. 하나님이 인간이 되어서 인간의 눈높이로 하나님을 보여주었다는 사실도 상상할 수 없는 일입니다. 하나님이 이 누추한 인간의 몸을 입고 오셔서 인간이 되셨다는 것도 놀라운데, 그 하나님이 인간을 위해서 죽기까지 했다는 것이 성경의 가르침입니다.

하나님이 왜 우리를 위해서 죽으셔야 했을까요? 우리 스스로는 하나님과의 관계를 회복할 수 없기 때문입니다. 하나님을 무시하고 실컷 나 중심으로 살다가, 그저 "아, 그럼 이제부터는 하나님이 다시 주인 하세요"라고 할 수는 없습니다. 학교에서 학생이 선생님을 무시하고 모욕하고 난 다음에 "아, 그냥 없었던 일로 하죠. 전 학생 하고 선생님은 다시 선생님 하십시오"라고 한다고 해서 문제가 해결될까요? 직장에서 사장이나 상사를 함부로 대하고 무시하고 난 다음에 "아, 그거 없었던 걸로 합시다" 하고 말한다고 해서 문제가 해결될 수 있나요? 사회적으로 많은 사람들에게 큰 고통을 준 사람이 "이제 제 잘못을 알았으니, 죄송하게 됐습니다" 하고 말하면, 사람들은 "그래, 없었던 일로 하자"라고 말합니까?

그럴 수 없습니다. 우리는 본능적으로 마음속에 정의라는 개념을 가지고 있습니다. 하나님을 닮았기 때문이지요. 그 정의의 입장에서는 위와 같은 답변을 받아들일 수 없습니다. 하나님을 무시하고 우리 스스로가 중심이 되었던 것의 대가를, 우리 자신이 치러야 합니다. 아니면, 누군가가 대신 치러야 합니다. 그러나 인간이 인간의 문제를 대신해 줄 수는 없습니다. 그래서 이렇게 하나님과의 관계가 깨져 있을 뿐 아니라, 이 반역에 대한 대가도 스스로 지불할 수 없는 곤경에 빠진 우리 인간을 위해 하나님이 택하신 방법은, 하나님 자신이 인간의 모든 죄과와 책임을 다 지기로 하신 것입니다. 예수님이 죽으신 것은 이 때문이었습니다. 예수님은 우리를 위해 죽기 위해 이 땅에 오셨습니다. 우리를 위해 죽으러 이 땅에 오신 하나님! 이것이 사복음서의 핵심 메시지입니다. 왜 그러셨을까요? 여러분과 저를 살리기 위해서입니다. 우리에게 참된 생명을, 참된 행복을 가져다주시기 위해서입니다.

예수님이 이렇게 우리를 위해서 죽으셔서, 우리에게 하나님 앞에 설 수 있는 자격을 주셨습니다. 하나님을 의식적·무의식적으로 배반하였던 우리가 더 이상 현재와 미래의 심판을 두려워하지 않고 하나님의 사랑을 흠뻑 받을 수 있는 존재가 될 수 있게 하셨습니다. 그뿐 아니라, 죽으신 예수님은 부활하셔서, 자신이 하나님임을 모든 사람, 특히 제자들에게 보여주셨습니다. 인간의 몸을 입고 이 땅에 오시고 죽으시고 부활하시는 것을 통해서, 하나님이 세상을 치유하고 회복하는 일을 치열하게 하고 계심을 보여주셨습니다.

하나님은 인간을 멀리 떠나 무관심하게 팔짱 끼고 구경하는 신이 아닙니다. 2천 년 전에 십자가와 부활을 통해 인간 역사에 개입하신 하나님은, 지금도 하나님의 다스림을 받아들인 사람들과 공동체가 스스로 하나님의 치유와 회복을 경험하게 하십니다. 또 그들이 성장하고 성숙하여 하나님의 손과 발이 되게 하셔서 세상을 치유하고 회복하는 일을 하게 하십니다.

인격적 반응과 그에 따르는 축복

그렇다면 예수님이 그렇게 죽으시고 부활하셨다는 사실만으로 나와 인간 사회의 문제가 다 해결되는 건가요? 물론 그렇지 않습니다. 하나님은 인간을 인격이 없는 동물처럼 여기지 않으십니다. 우리를 하나님을 닮은 인격적 존재로 창조하신 하나님은, 우리 인간을 생각하고 고민하고 반응할 수 있는 존재로 만드셨습니다. 하나님은 자신이 우리를 위해서 위대한 사랑을 하셨으니, 우리는 무조건 따라가기만 하면 된다고 말씀하지 않으십니다. 하나님은 우리에게 이 사랑의 이야기를 들려주시고, 우리의 인격적인 반응을 기다리십니다.

하나님은 여러 가지 통로로 이 메시지를 전하십니다. 여러분은 친구들이나 여러 경로를 통해 이 이야기를 부분적으로 들으셨을 것입니다. 지금 여러분이 읽고 있는 이 책도 그 통로 중의 하나일 것입니다. 이렇게 하나님이 세상을 구원하신다는 내용을 담은 소식을 보통 복음, 기쁜 소식, 좋은 소식good news이라고 합니다. 우리의 개인적이고 인류 사회적인 곤경을 우리 스스로 해결할 수 없는데, 하나님이 그것을 해결하셨다는 소식을 담고 있기 때문에 기쁜 소식입니다. 하나님은 이 소식을 우리에게 전해주셨습니다. 그러나 이 소식이 우리에게 유효해지는 것은, 이러한 하나님의 사랑 깊은 해결 방법을 듣고 "아, 정말 그렇구나" 하고 인격적으로 반응할 때입니다. 우리를 인격으로 대하시는 하나님은, 우리의 인격적 반응을 우주의 가장 중요한 원리로 만들어놓으셨습니다. 그래서 우리의 반응이 이렇게 중요한 것이지요.

하나님은 이렇게 말씀하십니다. "내가 내 생명을 바쳐서 너희를 사랑했다. 내 사랑을 받아주겠니? 너희가 내 사랑을 정말 받아들인다면, 너희 인생은 나를 중심으로 재편성되기 시작할 것이다. 달라지기 시작할 것이다"라고 말입니다. 하나님은 이렇게 모든 인간을 초대하십니다. 이런 하나님의 초대는 단지 우리를 사랑해서 초대하신다는 정도가 아닙니다. 우리의 잘못에 대한 정의로운 대가를 자신이 지불하셨으니, 이제는 우리에게서 정의로운 분노를 거두시고, 우리에게 더 이상 책임을 묻지 않으신다는 뜻입니다. 그래서 이렇게 말씀하시며 초청하시는 것이지요. "너희는 더 이상 너희 잘못에 책임질 필요가 없다. 내가 다 책임졌으니, 너희는 이제 자유롭게 나에게 반응해라. 내 사랑을 받아들여 나의 선한 다스림 아래서 살아가라." 하나님의 사랑을 입은 자로서 세상을 살아가라는 것입니다. 하나님이 우리에게 주시는 것은 무조건적인 사랑입니다.

하나님이 우리에게 주시는 것, 그 첫 번째: 무조건적인 사랑

제가 늘 감격할 수밖에 없는 것은 하나님이 저를 이렇게 사랑하신다는 사실 때문입니다. 우리는 이 거대한 우주에서 미아처럼 느낄 때가 있습니다. 빅뱅 이론에 따르면 137억 년 전에 만들어진 이 거대한 우주 가운데서, 티끌 속의 티끌보다도 작게 가물거리고 있는 나를 하나님이 사랑하셔서 나를 위해서 죽기까지 하셨답니다. 그리고 그 사랑으로 지금도 우리를 사랑하고 계신답니다. 우리를 사랑하셔서 하나밖에 없는 자신의 아들을 희생시키셨답니다. 이것이 기독교의 메시지입니다. 우리는 하나님의 이런 무조건적인 사랑을, 이런 무한한 사랑을 받습니다.

그 사랑 때문에 나 자신의 가치를 다시 발견합니다. 이 사랑 안에 거하기 시작하면, 더 이상 다른 사람과 나를 비교하지 않아도 됩니다. 절대적인 존재가 나를 사랑하시고 가치 있다고 말씀하시기 때문에 나의 배경, 학력, 외모, 능력, 연봉, 직장, 그 무엇으로도 평가받지 않습니다. 이미 하나님으로부터 최고의 평가를 받았기 때문에 다른 사람의 평가는 내게 큰 영향을 끼치지 않습니다. 나 자신의 가치를, 그 진정한 가치를 절대자 앞에서 발견하는 것이죠. 또 하나님의 사랑이 우리 내면에 들어와 깊어질수록 우리는 주변 사람들도 넉넉하게 받아들이고 사랑하기 시작합니다. 나를 이렇게 사랑하시는 하나님이 그들도 사랑하신다는 사실을 진실로 받아들이게 되는 것입니다.

하나님이 우리에게 주시는 것, 그 두 번째: 궁극적인 삶의 목적

이렇게 우리가 자유로워지고 사랑하는 관계를 누리기 시작하면, 당연히 우리 안에는 새로운 의욕과 동기가 생겨나기 시작합니다. '이 아픈 세상에서, 이 깨진 세상에서 무엇을 할까? 무엇을 하다 죽을까? 무엇을 해서 나를 이렇게 사랑하신 하나님을 기쁘시게 할 수 있을까?' 더군다나 나를 사랑하신 하나님이 세상을 치유하고 회복하고 계시다는 사실을 알아가면 갈수록, 나도 무엇인가 거들 것이 없을까 생각하게 됩니다. 나를 나의 독특한 환경 속에서 태어나게 하시고, 나에게 이런저런 특성을 주신 하나님이 '온 세상 회복 프로젝트'에서 나를 어떻게 쓰실지 질문하기 시작합니다. 하나님의 다스림을 받는 삶을 배워나가며 이런 새로운 삶을 살기 시작하면, 하나님은 우리에게 새로운 꿈을 주시기 시작합니다.

저는 이 책의 앞부분에서 우리가 일종의 여행을 하고 있다고 이야기했습니다. 그 인생 여행은 먼저 나를 향한 하나님의 사랑을 발견하고, 그 사랑이 우리의 메말랐던 영혼, 갈가리 찢겨졌던 영혼에 채워져, 우리가 살아나는 것으로 시작됩니다. 그렇게 되면 우리 주변 사람들을 사랑하게 되고, 더 나아가 하나님의 선하신 다스림 아래서 내 삶의 의미를 발견해가면서 꿈을 꾸고 뭔가 시도하고, 이 아프고 깨진 세상 속에서 일하시는 하나님과 더불어 사람들과 세상을 치료하고 회복하고 보듬는 삶을 살아가게 되는 것입니다. 우리 모두가 살아내고 싶은 가치 있고 의미 있는 삶, 그것을 하나님의 다스림을 따라 추구해가는 과정, 그것이 우리의 인생 여정인 것이지요.

우리의 인격적인 반응

그런데 이런 아름다운 여행을 하려면, 앞에서 이야기했듯이, 하나님께 인격적으로 반응해야 합니다. 인격적이신 하나님이 우리를 인격적으로 지으셨기에, 우리를 강제로 이 여행에 끌어들이지 않으십니다. 하나님은 계속해서 우리에게 여러 가지 초청 메시지를 보내시지만 결국 반응은 우리가 해야 합니다. 그러면 우리는 어떤 반응을 해야 할까요?

가장 중요한 첫 번째 반응은, 내가 내 인생의 주인 노릇을 했다는 것을 정직하게 인정하는 것입니다. "아, 내가 나의 주인 노릇을 했습니다. 책임질 수도 없는 내 인생, 내가 주인 노릇 했습니다. 나는 하나님을 무시했습니다. 세상을 향한 하나님의 원리에 무지했고 또 그것을 무시했습니다. 그래서 내 인생과 세상에 이런저런 깨짐이 존재할 수밖에 없습니다"라고 하나님 앞에서 정직하게 인정하는 것입니다. 이것은 내 마음 한가운데 내가 자리 잡고 있지, 하나님이 계시지 않음을 인정하는 것입니다. 하나님과 자신 앞에서의 정직한 인정이 새로운 삶의 출발점입니다.

두 번째는 이러한 나, 마땅히 심판 받고 마땅히 버림받고, 현재 내가 경험하는 여러 깨짐과 고통을 그냥 경험하다가 육체적으로 죽을 수밖에 없는 나를 하나님이 사랑하셔서 대신 죽으시고 모든 책임을 대신 져주셨다는 것을 받아들이는 것입니다. 하나님이 우리를 위해서 하신 일을 받아들일 때에야 우리는 하나님을 향해서 돌아설 수 있습니다. 이것을 회개라고 말합니다. 회개는 흔히 생각하듯, 잘못한 것을 후회하는 것이 아닙니다. 회개는 방향 전환입니다. 그런데 하나님께로 돌아설 수 있는 근거가 무엇입니까? 우리가 새로운 마음을 먹어서 돌아설 수 있는 것이 아닙니다. 아무리 마음을 고쳐먹었어도 우리는 여전히 자격이 없는 자들인데, 예수님이 우리를 사랑하셔서 우리 대신 책임을 지시고 대가를 지불하셨기 때문에 우리가 돌아설 수 있습니다. 우리가 하나님께 돌아갈 수 있는 길을 하나님이 열어주신 것이지요. 예수님의 죽으심에 의지해서 하나님께 돌아서는 것이 진실한 회개입니다.

그러므로 이제 예수님이 나를 위해 죽어주심을 진심으로 의지한다면, 우리는 세 번째로 하나님께 돌아서서 하나님의 다스림 아래에서 살아갈 수 있습니다. 이제 하나님과의 관계가 바뀝니다. 하나님은 이제 우리를 받아주시고 사랑해주시고, 우리의 아버지가 되어주시고 우리를 이끌어주시는 분입니다. 우리가 하나님께로 돌아설 때는 이렇게 고백하는 것입니다. "하나님, 이제 제 마음속에서 당신이 주인이 되어주십시오. 지금까지 내가 주인이었습니다. 제 소견에 옳은 대로 살았습니다. 이제 당신이 제 주인이 되어주셔서 당신의 뜻을 알려주시고 당신을 따라갈 수 있게 도와주십시오."

내가 돌아서서가 아니라 나를 위해서 대신 죽으신 그분 때문에 내가 돌아설 수 있었기 때문에, 우리가 하나님께 진심으로 돌아서게 되면, 예수의 영, 곧 성령님이 우리 가운데 오십니다. 성령님은 하나님이 구원받은 자에게 주시는 약속의 증표로, 성령님이 하시는 가장 중요한 일은 우리로 하여금 예수님을 깨닫고 하나님을 아버지라고 부를 수 있게 하시는 것입니다. 이 성령님은 우리를 양육하고 진리와 은혜로 우리를 다스리시기 위해서 우리 속에 오셔서 사십니다.

그 다음부터 하나님은 우리를 인도하고 양육하시기 시작합니다. 우리가 어떻게 하나님의 다스림을 받으며 살아야 하는지 가르쳐주십니다. 또 살아갈 힘을 주십니다. 나를 사랑하고 이웃을 사랑할 수 있는 사랑을 주십니다. 그 무한한 사랑과 지혜와 에너지가 하나님으로부터 우리에게 흘러 들어오기 시작하는 것이죠. 그래서 우리는 이제부터 하나님을 따라가는 인생을 살아가기 시작할 수 있습니다. 진심으로 내 마음의 주인 자리에 하나님을 모셔 들이면, 우리의 영적 여행은 다른 차원으로, 하나님과 동행하고 하나님을 따라가는 차원으로 바뀌게 됩니다.

복음을 들은 사람들이 취할 수 있는 다섯 가지 반응

우리는 지금까지 기독교의 기본진리, 성경이 우리에게 전하는 가장 본질적인 메시지를 나누었습니다. 이러한 '기쁜 소식'을 들으면, 사람들은 보통 다섯 가지 중 한 가지 반응을 보입니다.

첫 번째 사람들은, 기뻐합니다rejoice. 이미 복음을 받아들인 사람들은 이런 이야기를 다시 들으면서 지루해하는 것이 아니라, '아 그래. 이 놀라운 축복은 내가 받아들이고 있었던 사실이야. 하나님은 나의 주인이시고, 나의 아버지이셔. 나는 부족하지만 그분을 따라가고 있어. 나를 이렇게 따라가게 해주신, 나를 위해 죽어주신 예수님, 너무 감사해요'라며 기뻐합니다. 나를 살리신 이 소식은 듣고 또 들어도 새롭고 기쁘기 때문입니다.

두 번째 사람들은, 재헌신합니다recommit. 이 사람들은 과거에 하나님을 정말 받아들이고 그분을 주인으로 여기고 따라가면서 살았던 적이 있습니다. 그런데 인생의 어느 시점에, 그 기간이 짧을 수도 있고 길 수도 있겠지만, 하나님을 떠나 살았습니다. 실제로 교회를 떠나기도 하지만,

교회를 다니고 있어도 하나님을 떠나서 세상의 다른 것을 주인으로 삼거나, 다시 내가 주인이 되어버린 상태가 될 수 있습니다. 이런 사람들이 하나님의 사랑 이야기를 다시 들으면 '하나님, 맞습니다. 제가 당신을 주인으로 받아들여 산 적이 있었는데, 제가 어리석어서 제가 주인인 것처럼 잘못 행세하고 하나님 아닌 것에 매여 살았습니다. 용서해주십시오. 저를 기다려주신 것 감사합니다' 하고 재헌신하게 됩니다.

 이것은 형식적으로 교회를 다니고 안 다니고의 문제가 아니라, 마음의 주인이 누구냐 하는 문제입니다. 우리는 누구나 부족하기에, 그리스도인으로 살면서 일생에 몇 차례씩 재헌신을 하게 되는 경우가 대부분입니다. 이 재헌신은 단순히 교회 생활을 했던 분들이 아니라, 우리가 이야기한 복음을 제대로 이해하고 하나님이 정말 그들 삶의 주인이셨던 분들, 즉 하나님께 자신을 헌신했던 분들이 하는 것입니다.

 세 번째 사람들은, 예수님을 마음에 영접합니다receive. 영접이란, 지금까지 나눈 모든 이야기를 내면에 온전히 심화시키지는 못하더라도(이는 평생이 걸리는 일이겠지요), 하나님의 원래 계획 그리고 깨진 세상과 그 원인인 죄, 하나님이 주신 해결 방법에 진실로 동의해서, 마음의 주인 자리에 하나님을 받아들이는 것입니다. 영접하는 사람들 중에는 이미 교회를 다녔던 사람들, 모태신앙인 사람들, 아니면 교회를 아예 안 다닌 사람들도 있을 수 있습니다. 한 번도 하나님께 "자격 없는 저를 위해 대신 죽어주신 하나님, 당신이 제 인생의 주인이 되어주십시오"라고 진심으로 기도해본 적이 없는 사람들은, 하나님이 하신 일에 진실하게 반응하며 예수님을 주인으로 받아들이는 일이 필요합니다.

예수님을 주인으로 받아들인다는 것은, "이제부터 예수님을 주님으로 삼고 따르겠습니다"라고 고백하는 것입니다. 지독하게 자기중심적인 나를 위해서 대신 죽어주시고 나를 사랑해주신 하나님께 깊은 감사의 마음을 갖는 것입니다. "이제부터 내가 주인 행세하는 것을 버리고 지금까지 내 뼛속 깊이 있는 이 자기 중심주의를 내려놓고 당신을 따르는 삶을 배우겠습니다"라고 고백하는 것입니다. 이럴 때 우리는 예수님을 받아들이게 되는데, 이를 영접이라고 표현합니다.

이렇게 우리가 진실하게 하나님 앞에 무릎 꿇고, 하나님께 인격적으로 고백할 때, 하나님은 그분의 영이신 성령님을 우리 가운데 보내십니다. 우리가 느끼든 느끼지 못하든, 성령님이 마음속에 들어오셔서 우리 가운데 거하기 시작하십니다. 그분이 우리를 인도해가기 시작하십니다. 이제부터 아주 모험 가득한 인생을 시작하는 것입니다. 하나님이 내 속에 들어와 사시기 시작하기 때문입니다. 이렇게 새로운 생명을 누리게 될 때, 그것을 '거듭났다', '중생했다'라고 표현합니다.

모태신앙인 사람들도 어릴 때부터 교회를 다녔지만, 한 번도 하나님 앞에서 진지하게 하나님을 마음속에 초청한 적이 없는 사람들이 있습니다. 물론 초청한 적이 없었다 할지라도 오랜 시간 교회 생활을 하다가 어느 날 부지불식간에 하나님을 마음에 모신 경우도 있습니다. 어느 순간 이렇게 영접해서 하나님을 아버지로 여기고 따라가는 사람들도 있긴 하지만, 태어나면서부터 문화적이고 종교적으로 기독교인이었던 분들은 자신의 영적 상태를 분명히 분별할 필요가 있습니다. 교회는 오래 다녔지만, 정말 자신이 하나님 앞에서 왜 죄인인지 깨달아 예수님이 죽으실 수밖에 없었다는 사실을 진심으로 받아들이고 하나님의 다스림을 받는 새로운 삶을 살겠다고 무릎 꿇은 적이 없다면, 하나님 앞에서 결단할 필요가 있습니다. 이것은 인생이 바뀌는, BC와 AD가 바뀌는, 즉, 그리스도가 오기 전(Before Christ)과 오고 난 다음(*Anno Domini*, 주님의 해)이 바뀌는 것과 같은, 일생일대의 아주 중요한 시점입니다.

제가 고등학교 1학년 때 예수님을 영접했던 때가 생각이 납니다. 교회는 초등학교 때부터 다녔지만, 고등학생이 되어서야 인격적인 반응을 했습니다. 이 책에서 여러분에게 나눈 이야기와는 비교할 수 없는, 뼈대만 겨우 있는 이야기를 들었지만, 그때 하나님 앞에 진실하게 반응할 수밖에 없었습니다. 제가 하나님께 돌아선 거죠. 저는 그날 이후 그분을 따르기 시작했습니다.

네 번째 사람들은, 좀 더 탐구합니다research. 하나님의 원래 계획과 깨진 세상, 하나님의 해결 방법에 대한 이야기를 들었지만, 하나님께 인생을 드리기에는 아직 정리되지 않은 것이 있다고, 아직도 고민이 좀 더 필요한 것 같다고, 아직 예수님이 어떤 분인지 모르겠다고 하는 사람들이 있을 수 있습니다. 진실하게 질문하는 일은 귀한 일입니다. 억지로 믿을 필요는 없습니다. 하나님은 이런 진실한 찾는이들을 기뻐하십니다. 그러나 중대한 결정을 내리는 것이 좀 두렵다거나, 좀 피해 가고 싶다거나, 또는 하나님을 따라서 잘 살 자신이 없다거나 하는 이런 여러 가지 핑

계로 탐구를 택하지는 말아야 합니다.

하나님 없이 사는 삶에서 하나님을 중심으로 하는 삶으로 바꾸는 일은 분명 혁명적인 결정입니다. 용기가 필요한 일임에 틀림이 없습니다. 그러나 이러한 결단을 유지하는 일은 우리 자신의 의지력보다는 하나님의 신실하신 사랑 때문에 가능합니다. 우리를 위해 죽기까지 하신 분이 우리에게서 눈을 떼지 않으시고 우리를 성숙시키실 것이기 때문입니다. 그분을 알아가고 의지해서 살아가는 새로운 삶은 이제부터 흥미진진하게 배워나갈 부분입니다.

또는 탐구를 택하시는 사람들 가운데는, 아직 몰라서 더 배워야 하기 때문에 성경을 더 읽어보고 난 다음에 결정하겠다고 하는 사람들도 있는데, 이는 핑계일 수도 있습니다. 성경을 읽어보는 것은 매우 중요한 일이지만, 성경은 평생 동안 읽고 공부해야 할 책입니다. 지금까지 여러분과 나눈 이야기는 성경의 방대한 내용을 축약한 것입니다. 저는 감히, 여러분은 하나님 앞에서 결단하기 위해서 들어야 할 이야기를 이미 다 들었다고 생각합니다. 정말 결정적으로 정리되지 않은 문제가 있지 않다면, 탐구를 택하지 말고, 하나님의 초청을 진지하게 심사숙고하고 반응하는 것이 필요합니다. 사실 "자신 없다, 더 알아야겠다"는 이유로 탐구를 택했다가 결국 진지한 탐구의 끈을 놓쳐버리고, 다음에 나올 마지막 반응에 다다르는 분들이 있어서 안타깝기 그지없습니다.

이 마지막 반응은, 거절입니다reject. 하나님의 사랑은 거절할 수 있습니다. 하나님이 주시는 구원은 인격적인 선물이기 때문에 수납을 거부할 수 있습니다. 사랑은 강제로 줄 수 없습니다. 받는 쪽이 감사와 기쁨으로 반응해야 사랑이 주어집니다. 그러므로 우리가 하나님의 사랑을 거절할 수는 있지만, 이 거절에 대한 책임은 당연히 내가 져야 합니다. 하나님 없이 살다가 하나님 없이 죽음을 넘어가서 하나님 없는 영원한 세계에서 살게 되는 것입니다. 살아 있는 동안 하나님을 거절했으므로 죽은 후에도 하나님 없는 세상에서 살게 된다는 것이죠. 하나님은 우리의 인격적 결정을 존중하십니다. 저는 여기까지 읽으신 분들이 하나님의 사랑을 거절하는 가슴 아픈 일은 생기지 않기를 간절히 원합니다. 그래서 다시 한 번 우리 삶의 정황과 곤경, 하나님의 해결 방법을 심사숙고하실 것을 간절히 권고합니다.

기독교의 기본진리

우리는 여기서 기독교의 아주 기본적인 진리에 대한 이야기를 거의 다 나누었습니다. 물론 이 내용들은 기본 뼈대여서, 각각의 내용은 우리가 주님이신 예수님을 따라가면서 우리 속에 심화될 것입니다. 하나님께 인격적으로 반응한 후 어떻게 살 것인가 하는 이야기는 다음 장에서 다룰 것입니다. 여기서는 다시 한 번 기독교의 아주 핵심적인 출발점에 해당하는 진리들을 정리할 필요가 있습니다.

1. 하나님이 나와 세상을 만드셨고 나와 세상의 주인이십니다.
2. 그런데 인간은 하나님을 주인의 자리에서 내몰아 버리고, 자기가 주인이 되어서 자기 옳은 대로 살아가 심각한 문제에 빠졌고, 이렇게 하나님을 거절하고 자신이 중심이 된 상태를 성경에서는 죄라고 합니다.
3. 이 죄의 문제는 우리 스스로 해결할 수 없기 때문에, 우리를 사랑하시는 하나님이 직접 우리에게 오셔서 하나님이 누구인지 보여주시고 이 죄의 대가를 대신 지고 죽으셨습니다. 이렇게 우리가 하나님께로 돌아갈 수 있는 길을

여셨습니다.

  4. 예수님이 우리를 위해 죽으셨다는 사실을 진실하게 받아들인 사람들은 감히 하나님께 돌아설 수 있는데, 이로써 하나님과의 관계가 회복됩니다. 하나님께 돌아선다는 것은 예수님을 마음에 영접하는 것인데, 이 이후로는 예수님을 주인으로 모시고 새로운 삶을 삽니다.

  이제 여러분은 하나님이 여러분에게 주시는 무조건적인 사랑과 하나님이 주시는 삶의 의미를 찾을 수 있는 하나님의 사랑 이야기, 복음을 다 들으셨습니다. 여러분은 이 복음에 어떻게 반응하십니까? 다섯 가지 R 중에서 여러분의 반응은 무엇입니까?

  저는 여러분 모두가 세상에서 가장 아름다운 여행이라고 부를 수 있는, 하나님과 함께하는 삶에 동참하시길 소원합니다. 하나님의 무조건적인 사랑을 받아들여 이 깨지고 상처받은 세상에서 누구보다도 먼저 회복되시길 기대합니다. 하나님의 사랑 깊은 다스림과 보살핌 가운데 성장해서 자신의 삶의 목적을 찾게 되시길 원합니다. 그리고 하나님의 방법과 인도를 따라 이 세상을 치유하고 회복하시는 하나님의 일하심에 동참하는 축복을 누리시기를 기대합니다.

> **나눔 질문**
>
> 1. 당신의 과거와 현재 상태를 정직하게 돌아보십시오. 당신의 삶의 주인은 누구였으며, 어떠한 삶의 여정을 걸어왔습니까?
>
> 2. 당신은 다섯 가지 반응 중 어떤 반응을 선택하시겠습니까? 그 반응에 따르는 인격적 결단을 내리고, 인도자와 함께 나누십시오.

일곱 번째 이야기

계속되는 우리의 여행

여행을 떠날 때 꼭 필요한 것들이 있듯이,
영적 여행에도 지도인 '성경', 인도자인 '성령님',
그리고 인도자에 대한 신뢰라고 할 수 있는 '믿음',
마지막으로 동반자라고 할 수 있는
'공동체'가 꼭 필요합니다.

풍성한
삶으로의
초대

이제 마지막 이야기를 나눌 시간이네요. 지금까지 이 책에서는 하나님을 찾기 위해서 우리가 먼저 꼭 다루어야 할 장애물과 신념 등을 살펴보고, 우리가 간절히 원하는 행복을 얻는 방법이 무엇인지를 이야기했습니다. 무조건적인 사랑과 인생의 목적은 우리 인간을 향한 하나님의 원래 계획이 회복될 때에만 가능한데, 이 회복은 인간이 되어서 우리에게 오신 예수님이 계시기 때문에 가능하다는 사실을 나누었습니다. 하나님 자신과 하나님의 뜻을 우리에게 보여주시고, 우리로 하여금 하나님의 다스림 아래 들어갈 수 있도록, 우리 죄의 대가를 지불하신 분이 바로 예수 그리스도입니다. 지난 장에서는 이 예수 그리스도를 통한 하나님의 초청에 어떻게 반응할 것인지 이야기했습니다. 이제 우리의 여행을 마무리하면서, 여러분이 선택한 반응과 관련하여 마지막으로 몇 가지 이야기를 나누려고 합니다.

"나는 시간이 좀 더 필요해요"

여러분 가운데는 지금까지 글을 읽으시고, 이런저런 이유로 아직 하나님의 초청을 받아들일 준비가 되지 않았다고 생각하는 사람들이 있을 수 있습니다. 저는 여러분이 인생의 중대한 기로에 서 있다는 것을 인식했다는 면에서 여러분의 조심스러움에 격려를 보냅니다. 그렇습니다. 예수님을 주인으로 영접한다는 것은 지금까지와는 다른 삶을 살고 싶고, 또 그러겠다는 결단입니다. 이제는 내가 주인이 아니라 예수님이 주인인 인생을 사는 것이니, 한 인생에서 정말 중대한 결정이 아닐 수 없습니다. 인생의 방향이 바뀌는 나들목(교차로, Interchange)에 서 있다고 할 수 있으니, 개인의 내면에서 일어나는 혁명적 변화라고 해도 과언이 아닐 것입니다. 나를 중심으로 세상이 돌고 있다는 '천동설적 인식'에서, 하나님을 중심으로 살겠다는 '지동설적 인식'으로 전환하는 것이니, 감히 '코페르니쿠스적 혁명'

이라고 할 수 있습니다. 그러므로 여러분이 이 책을 시작할 때 가지고 있었던 자세, 진실한 질문은 진실한 답변을 가져다준다는 자세를 견지하면서, 진실하고 용기 있게 이 시점을 지나가게 되기를 기도합니다.

탐구를 택하는 세 가지 이유

사람들이 우리를 향하신 하나님의 사랑 이야기에 선뜻 반응하지 못하고 탐구를 택하는 데에는 몇 가지 이유가 있습니다. 먼저, 첫 번째 이야기(20~27페이지)에서 함께 나눈 장애물들이 아직 정리되지 않은 채 걸림돌로 작용하고 있어서입니다.

무엇보다 지적 장애물이 남아 있을 수 있습니다. 지금까지 세상을 보며 생각하던 방식으로는 이해가 되지 않는 부분이 남아 있다면, 하나님에 대한 이야기를 들으면서도 마음속에 석연치 않음을 지울 수 없었을 것입니다. 이런 불편함을 가지고 있다면, 인생을 거는 이 중대한 결정을 내리지 못하는 것은 당연합니다. 이럴 경우, 여러분이 가지고 있는 문제의 핵심을 찾는 것이 필요합니다. 지적인 질문이라는 것은 하루아침에 해결되지도 않을뿐더러, 사람마다 그 질문의 종류와 깊이가 다양합니다. 여러분이 가지고 있는 질문 중에서 가장 핵심이 되는 질문이 무엇인지 찾아서 그 질문을 진지하게 탐구해보십시오. '길을 찾는 이들 www.imseeker.org'의 FAQ를 참고하시고, 더 필요하다면 부록에 실린 강의나 책의 도움을 받으십시오. 지적인 동의 없이, 진실한 신앙생활이란 있을 수 없습니다.

두 번째 장애물인 기독교와 교회, 그리스도인들에 대한 부정적인 생각으로 멈칫거리신다면, 그런 문제의식을 가지고 우리 시대에 예수를 바로 따르는 일이 오히려 시급하다고 말씀드리고 싶습니다. 진실하게 예수님을 따르는 개인과 공동체가 여전히 있고, 그런 사람들과 벗하며 예수님을 믿고 따르는 일은 지난 2천 년 동안 지속되었습니다. 세상의 다른 일과 마찬가지로, 예수님을 이용하여 자신의 야망과 세속적 이익을 취하는 자들이 늘 있어왔기에 기독교 역사에는 비판 받아 마땅한 부분이 있습니다. 그러나 이 책을 읽는 사람들은 이런 부정적 부산물에 집중하기보다는 예수님과 그분의 초청에 집중하면 좋겠다는 마음입니다. 또한 부족한 면을 여전히 가지고 있지만, 예수님을 따르는 진정한 공동체가 여러분 주변에 있을 것입니다. 그런 공동체를 찾고, 그 공동체 가운데서 드러나는 예수님께 집중하면 좋겠습니다.

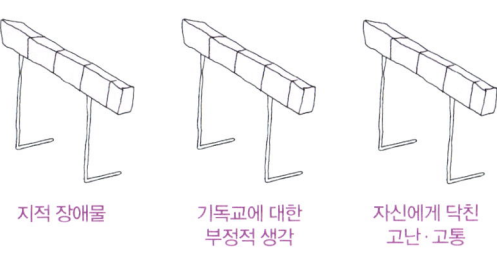

지적 장애물   기독교에 대한   자신에게 닥친
              부정적 생각   고난·고통

　셋째 장애물은 자신에게 닥친 고통의 문제입니다. '왜 나에게 이런 고통이 있는가? 내가 무엇을 그리 잘못해서 이런 어려움을 겪어야 하는가?' 하고 질문하는 사람들이 있을 수 있습니다. 지난 네 번째와 다섯 번째 이야기에서, 이런 고통은 우리가 하나님을 무시하고 떠났기에 이 깨진 세상에서 피할 수 없는 부분이라는 이야기를 나누었습니다. 나의 잘못이든, 이웃의 잘못이든, 아니면 내가 모르는 사람들과 나보다 먼저 살았던 사람들이 저지른 과오든, 이런 것들이 우리에게 고통을 가져다줍니다. 우리가 당하는 고통은 우리가 얼마나 망가진 세상에서 살고 있는지를 보여주기 때문에, 오히려 이런 고통이 하나님을 발견하는 귀한 디딤돌이 되기도 합니다. 하나님은 이런 고통을 통해 나와 세상의 한계를 깨닫게 하시고, 여러분의 시선을 하나님께로 돌리고 계신지도 모릅니다.

앞서 언급한 문제는 어느 정도 해결되었지만, 이렇게 중대한 결정을 할 만큼 충분한 지식을 가지고 있지 못하다고 생각하는 사람도 있을 수 있습니다. 또는 숙고할 시간이 필요하다는 사람도 있을 수 있습니다. 저는 이런 분들의 진실됨과 사려 깊음에 다시 한 번 응원을 보내드리고 싶습니다. 그렇다면, 여러분에게 가장 중요한 것은 성경을 읽으며 하나님을 찾는 것입니다.

두 번째 이야기(43~48페이지)에서 말씀드린 대로, 성경은 하나님에 대한 소중한 정보를 담고 있는, 하나님이 택하신 미디어입니다. 그러나 성경은 방대한 책이어서 하루 30분씩 읽는다면 다 읽는 데 1년 정도가 걸립니다. 하지만 낙심할 필요는 없습니다. 성경의 중심인물이 바로 예수님이고, 또 우리가 함께 나눈 이야기의 중심에 예수님이 계시니, 여러분은 그분에 대한 증인들의 증거에 집중하면 됩니다.

먼저 가장 짧고 가장 일찍 쓰인 마가복음을 읽어보십시오. 인간으로 오신 예수님의 행적과 말씀이 빠른 속도로 전개되고 있는 책입니다. 기적도 다른 복음서처럼 많이 나옵니다. 인간으로 오신 하나님이셨기에, 예수님이 가시는 곳에는 이런 초자연적인 사건들이 많이 일어납니다. 예수님의 가르침을 좀 더 깊이 보고 싶으시면 마태복음을 읽으십시오. 마태복음을 마가복음처럼 빨리 읽기 어려운 이유가 여기에 있습니다. 누가복음을 읽으면, 예수님이 사람들을 어떻게 만나셨는지, 특별히 소외되고 가난한 자들을 어떻게 만나셨는지를 볼 수 있습니다. 요한복음은 네 복음서 중에서 가장 늦게 기록되었는데, 어느 복음서보다 예수님이 자신이 어떤 분인지에 대하여, 사람들과의 만남과 가르침을 통해서 보여줍니다(이 내용은 조만간 《요한과 함께 예수찾기》로 출간될 예정이다). 이 네 복음서를 읽으며 예수님이 어떤 분인지, 나와 어떤 상관이 있는지 질문해보십시오.

마지막으로 이 책의 내용에 대강 동의하고 이미 그것을 믿고 있지만 삶은 변화되지 않아서, 기뻐하기도 그렇고, 재헌신하기도 그렇고, 영접하는 것은 더더욱 아닌 것 같아서 탐구를 택하는 사람들이 있습니다. 이런 사람들이 진정으로 예수님을 영접한 적이 있는데도 탐구를 택하는 이유는 대부분 성장하지 않았기 때문입니다. 그리스도인이 되는 것, 또는 예수님을 주인으로 받아들이는 것에 대하여 피상적으로나 부분적으로 이해하고, 그 이후에 성장하지 못해서입니다. 복음을 받아들였다 할지라도, 우리 속에서 예수님의 생명이 자라가기보다 단순히 기독교 문화에 적응되었기 때문입니다.

기독교 신앙이란, 예수님을 알아가고 예수님을 따라가는 것입니다. 이것은 평생의 여행이며, 모험으로 가득 찬 역동적인 여행입니다. 이런 여행을 아직 제대로 시작하지 않았다면, 진지하게 다시 예수님을 주인으로 영접하는 결단이 필요합니다. 아니면 이제부터라도 이런 순례의 길을 가겠다고 결단하십시오. 이러한 결단은 지적 동의가 아니라, 예배와 기도 가운데 예수님께 자신의 삶을 다시 드림으로써 재헌신이나 영접이 시작됩니다. 이제 그분을 따라 성장하며 영적 순례를 시작하겠다고 기도하십시오.

진실한 추구

저는 탐구하는 사람들 가운데 진실한 추구자들이 많이 있다는 사실을 경험으로 알고 있습니다. 제가 최근에 만난 한 청년은 사회의 불의에 대항하며 살아왔습니다. 30대 중반에 이르기까지 그렇게 살고 있었는데, 관심도 없고 대안은 더더욱 아니었던 교회에 여자 친구 때문에 나오게 되었습니다. 그리고 나서 교회에서 자신이 알던 기독교와 다른 기독교를 만나게 되었습니다. 그리고 이 책에서 나눈 하나님의 계획과 다스림에 대한 이야기를 접했습니다.

이 이야기를 나누고 나서 그 청년에게 어떤 결단을 내리겠냐고 물었을 때, "제가 들은 이야기는 제게 매우 혁명적인 이야기입니다. 제가 지금까지 살아왔던 것과는 전혀 다른 삶을 살겠다고 결단하는 것이니, 제게 시간이 필요합니다"라고 말했습니다. 그는 정직한 사람이었습니다. 하나님을 믿는 것은 단지 종교를 선택하는 것, 마음의 수양을 하는 것 정도가 아니라, 삶의 방향을 바꾸는 것이라는 사실을 깨달은 것입니다. 그는 몇 주 후 예수님을 마음속에 영접하겠다고 결단을 내리고 세례를 받았습니다. 저는 이렇게 진실하게 추구하는 자들이 하나님을 만나는 것을 여러 번 보았습니다.

탐구를 택하신 분들은 하나님을 만나고 알아가기 위해서 시간을 꼭 내십시오. 하루 20-30분을 꼭 내십시오. 여러분의 영혼과 인생을 위한 이 시간에 성경을 읽으십시오. 예수가 과연 누구인지, 나 자신에게는 어떤 분으로 다가오는지 질문하며 깊이 생각하십시오. 기도를 시도해보셔도 좋습니다. "하나님이 정말 예수가 되어서 오셨다면, 내가 성경을 읽는 동안, 깨닫게 해주십시오"라고 기도해보십시오. 저는 가끔 진지한 찾는이들에게 하루 30분씩 40일을 그렇게 해보라고 권합니다. 아마 40일을 다 채우기 전에, 예수님과 그분의 사랑과 그분의 뜻을 깊이 깨닫게 될 것입니다. 하나님은 진실하게 찾는 자들에게 응답하겠다고 약속하셨기 때문입니다.

"나는 예수님을 주로 삼고 살아갑니다"

이제, 이 놀라운 여행길에 막 들어섰거나 이미 이 길을 가고 있던 사람들에게 말씀드립니다. 무엇보다도 먼저 환영합니다. 예수님이 이끌어가시는 삶을 살아간다는 것은 정말 대단한 축복입니다. 단지 나 자신의 행복만을 위해서가 아니라, 하나님이 이 세상에서 하고 계신 일을 알아가고, 그 속에서 자신의 역할을 찾는 것은 얼마나 흥분되고 기쁜 일입니까? 하나님의 무조건적인 사랑을 누리면서, 하나님의 역사에서 자기 인생의 목적을 찾아가는 것은 우리 모두가 간절히 원하는 것이 아니겠습니까?

　이를 위해서 이 책에서 여러분과 나누었던 기독교의 네 가지 핵심 진리를 평생 더욱 깊이 있게 알아가며 마음과 삶 속에서 내면화해가는 것이 중요합니다. 하나님이 내 인생과 세상의 주인이라는 깨달음은, 하나님이 우주와 모든 피조물, 인간의 역사와 문화, 그리고 우리가 살고 있는 사회의 주인이라는 의식으로 발전해야 할 것입니다.

또 자기중심성이라는 죄가 얼마나 큰 문제인지는 우리의 자기 성찰을 통해서 깊어질 것입니다. 하나님의 사랑을 받았음에도 여전한 이 죄성을 절감하고, 이것이 나 개인의 문제일 뿐 아니라, 우리 역사·문화·사회·인간관계의 문제임을 알아갈 때, 우리는 하나님의 다스림과 은혜를 간절히 사모하게 됩니다. 이때, 우리는 우리를 하나님 앞에 설 수 있게 하신 하나님의 사랑과 은혜에 날이 갈수록 감격하게 됩니다. 또한, 우리 속에서 새로운 일을 시작하시며, 우리를 통해 당신의 일을 지속하고 계신 예수님을 제대로 따라갈 수 있게 됩니다. 우리의 신앙 여정은 이제부터 시작이며, 점점 더 깊어질 것입니다.

영적 여행의 네 가지 필수 요소

여행을 떠날 때 꼭 필요한 것들이 있듯이, 우리의 이 귀한 영적 여행이 아름답게 진행되려면 필수적인 요소가 있습니다. 좋은 여행에는 지도와 인도자, 그 인도자에 대한 신뢰와 함께 동반자가 반드시 있어야 합니다. 마찬가지로 영적 여행에도 지도인 '성경', 인도자인 '성령님', 그리고 인도자에 대한 신뢰라고 할 수 있는 '믿음', 마지막으로 동반자라고 할 수 있는 '공동체'가 꼭 필요합니다.

지도 - 성경

우리는 암중모색하며 길을 찾는 사람들이 아니라, 우리에게 주어지고 알려진 하나님의 뜻을 따르는 사람들입니다. 그렇기 때문에 하나님에 대해서, 나에 대해서, 세상과 세상 속의 삶에 대해서 하나님이 가지신 계획을 알 수 있습니다. 우리가 두 번째 이야기에서 나누었듯이, 하나님은 우리에게 꼭 필요한 최고급 정보를 텍스트라는 미디어를 통해서 주셨습니다. 실제로 성경은 세계 역사에 유례를 찾아볼 수 없는 대단한 책입니다. 수천 년 동안 수십 명에 의해서 집필되고, 수천 수만 명에 의해서 필사되어 보존 전수된 책입니다.

우리가 또다시 제멋대로 인생을 살지 않고, 내 인생의 주인이신 하나님을 따라 인생길을 걸어가려면, 무엇보다도 우리에게 '인생의 지도'로 주신 성경을 알아야 합니다. 앞에서 이야기하였듯이 네 복음서부터 시작하십시오. 예수님의 생애와 가르침을 주의하여 보십시오. 예수님이 선포하신 하나님나라가 무엇인지 집중해 보십시오. 왜 예수님이 병자들을 고치시고, 가난한 자들과 소외된 자들을 만나셨는지 살펴보십시오. 그들의 인생이 왜, 어떻게 변화되어갔는지 보십시오. 그리고 예수님이 궁극적으로 죽으시고 부활하신 것을 통해서 무슨 일을 하려고 하셨는지 질문하며 성경을 탐구하십시오.

복음서들이 이 예수님께 집중하고 있다면, 신약의 나머지 부분은 이 예수님을 가장 가까이에서 경험하고 따랐던 첫 그리스도인들이 그분을 어떻게 하나님으로 믿고, 하나님의 다스림을 받으면서 살았는지에 대한 이야기들입니다. 역사적 기록과 편지들을 통해서 우리는 실제 삶의 현장에서 예수님을 따른 사람들의 이야기와 그 속에서 드러나는 하나님의 뜻을 선명하게 알 수 있습니다.

그렇다면 방대한 구약은 무슨 의미가 있습니까? 구약은 인간 역사에 메시아이신 예수님이 꼭 필요했다는 것을 보여주는 책입니다. 신약이 채 50년도 되지 않는 역사를 다루고 있다면, 구약은 수천 년의 역사를 다루고 있기 때문에 우리는 구약을 통해서 역사와 사회 속에서 일하시는 하나님을 발견하고, 특별히 미천한 한 족속을 택해서 당신을 세상에 드러내시려는 하나님의 놀라운 뜻을 발견하게 됩니다. 이스라엘의 계속된 반역에도 변함없는 하나님의 사랑과, 세상을 온전히 회복하시려는 하나님의 뜻과 열정을 만납니다. 구약의 일부 선지서와 신약의 계시록은, 이 하나님의 뜻이 인간 역사 속에 어떻게 드러나고 마무리되어 새로운 세계가 열릴지를 보여줍니다.

기억하십시오, 성경을 읽고 묵상하지 않는 그리스도인은 성장할 수 없다는 사실을. 지난 2천 년 동안의 증언을 보아도 그렇고, 특별히 지난 수 세기와 현대 그리스도인들의 성장을 살펴보아도 그렇고, 성경은 모든 그리스도인의 삶에 가장 중요한 요소였습니다.

인도자 – 성령

성경이 우리에게 객관적 진리를 제공한다면 이제 우리는 각자 알아서 인생을 살면 될까요? 아닙니다. 우리가 예수님을 마음속에 영접했을 때, 예수님의 영이신 성령님이 우리에게 오십니다. 부활하신 예수님은, 세상이 완전히 회복되는 날, 주님이 다시 세상을 방문하시는 날에 뵙게 될 것입니다. 그때까지는 우리에게 성령님이 계셔서 우리를 이끌어 가십니다. 성령님은 우리가 예수님을 더욱 잘 알 수 있도록 이끌어 가십니다. 성령님은 우리 삶에서, 때로 우리 양심을 통해서, 또 신비한 방식으로 우리를 인도하시고 꾸짖으십니다. 우리의 성품을 바꾸시고, 꿈과 비전을 갖게 하시고, 우리 각자에게 특별한 은사를 허락하셔서 하나님의 사역에 동참하게 하십니다.

성경을 통해 객관적 진리를 얻었다면, 우리의 내면에서 이끌어 가시는 성령님을 통해서 주관적 경험을 하게 됩니다. 이때 중요한 것은, 성령님은 성경의 가르침에서 벗어나지 않으신다는 것입니다. 왜냐하면 성경도 성령님의 감독하에 전수하여 주시기 때문입니다. 하나님은 스스로 자기 모순에 빠지실 수 없습니다. 그래서 우리는 성령님을 따를 때, 주관주의나 신비주의에 빠지지 않고 진리의 말씀인 성경의 지도를 받으면서도 여전히 매우 신비한 성령님의 인도에 따라 각각의 특별한 경험을 하게 됩니다. 그러므로 성경을 잘 모르고, 잘못 이해하고 성령님을 따른다면, 이는 매우 위험하다는 것을 꼭 지적하고 싶습니다. 영적인 현상을 경험하였다고 해서 그것이 모두 성령으로 말미암은 것은 아니기 때문입니다. 객관적 진리를 제공하는 성경과 우리 속에서 주관적으로 역사하시는 성령님은 늘 함께 우리의 여행을 이끌어 가십니다.

신뢰 – 믿음

우리에게 선명한 지도와 든든한 인도자가 있다 해도, 우리가 이 지도와 인도자를 신뢰하지 않는다면 우리의 여행은 매우 불안해질 것입니다. 지도와 인도자를 신뢰하는 것, 그것을 기독교에서는 '믿음'이라고 부릅니다. 사실 모든 종교가 믿음을 중요하게 여깁니다. 일반 종교에서는 믿음을, 일종의 신심과, 지성이면 감천할 수 있는 마음가짐 같은 것이라고 생각합니다. 그래서 그리스도인들조차 믿음은, 하나님이 내게 필요한 것을 주실 것이라고 간절히 믿는 행위나 자세 같은 것이라고 여깁니다. 어떤 사람이 믿음이 좋다고 할 때, 그것은 그가 종교생활을 열심히 하고, 자신이 소원하는 바를 하나님이 이루실 것을 꼭 믿고 흔들리지 않는 자세를 취하는 것을 의미하는 경우가 대다수입니다.

그러나 성경에서 이야기하는 믿음은 내가 믿고 싶은 것, 나의 소원을 이루어주실 하나님을 믿는 것을 뜻하지 않습니다. 오히려 지도라고 부를 수 있는 성경에 나타난 하나님의 성품과 그 하나님이 우리를 위해서 이미 하신 일, 그리고 앞으로 이루시겠다고 약속하신 일을 믿는 것입니다. 즉, 기독교는 성경에 나타난 진리를 믿는 것이지, 내가 믿고 싶은 것을 믿는 종교가 아니라는 뜻입니다. 사실 믿음이란 하나님에 대한 전인격적인 반응입니다. 하나님이 나를 위해서 하신 일, 특히 예수 그리스도를 통해서 이루신 완전한 죄 사함과 자녀 삼아주심을 믿는 것입니다. 성령님이 지금도 나의 인생 가운데 오셔서 나를 이끌어 가시고 계심을 믿는 것입니다. 이 하나님이 지금도 세상 속에서 일하고 계시고, 세상을 회복하기 위해서 그의 백성들을 통해서 일하고 계시는 것을 믿는 것이며, 마지막 날에 오셔서 만물을 회복하실 것이라는 사실을 믿는 것입니다.

성경을 읽고 설교를 들어도, 하나님이 하신 일과 하시고 계신 일, 하실 일에 믿음으로 반응하지 않으면, 그것은 내 눈과 귀를 즐겁게 하는 것에 지나지 않습니다. 이렇게 믿음으로 반응하지 않으면, 사실 우리의 여행은 더 이상 진척이 없이 그 자리를 맴돌게 됩니다. 지도를 보고 토의를 하고 지도에 숙달되었어도, 한 걸음도 내딛지 않으면 여행은 멈춘 것입니다. 얼마나 많은 사람이 지식 습득과 연구와 토론은 하지만, 그 자리에 멈추어 서 있는지 모릅니다.

믿음으로 반응하지 않기 때문입니다. 그러므로 믿음이란 하나님이 하셨고, 하시고, 하실 일들, 그로 말미암는 축복이 나와 나의 공동체에 흘러 들어오게 하는 통로와도 같습니다. 자녀가 부모인 나의 뜻과 나를 신뢰하지 않으면 내가 기쁘지 않듯이, 믿음이 없이는 하나님을 기쁘시게 할 수 없습니다.

동반자 - 공동체

마지막으로 우리에게 필요한 요소는 동반자입니다. 제가 앞서 여러분을 환영한다고 했는데, 그 이유는 제가 가고 있는 이 길에 여러분이 어떤 모양이든 동반자가 되셨기 때문입니다. 동반자를 얻는 것, 동반자와 함께한다는 것은 우리의 영적 여행에 매우 중요합니다. 구원을 얻을 때 우리 자신은 하나님 앞에 홀로 서지만, 이러한 단독적인 결단을 통해 하나님께 돌아와 보면, 하나님께 이미 돌아온 여러 사람들이 있다는 사실을 알게 됩니다. 하나님을 아버지로 모신 사람들, 하나님의 가족들이 있는 것이지요. 교회는 건물이 아니며, 일요일에 예배하는 집단을 넘어서서 하나님을 아버지로 모신 사람들의 공동체입니다. 우리가 구원받는 순간, 우리는 하나님의 공동체에 속한 것입니다.

사실 우리 여행에 이런 동반자가 없으면, 우리는 지도를 읽는 법부터 성령님의 인도를 분별하는 법, 하나님 아버지와 사랑을 주고받는 법, 그 사랑에 의지해서 나와 이웃을 사랑하는 방법 등 모든 것을 혼자 깨우쳐야 하는데, 그것은 불가능한 일입니다. 하나님은 이 땅에 공동체를 세우셔서, 먼저 우리 자신이 그곳에서 안전하고 건강하게 자라게 하셨습니다. 그래서 건강한 교회에 속하는 것이 그토록 중요합니다. 건강한 교회란 지도를 제대로 가르쳐주고, 인도자를 의지하는 법을 알려주며, 무엇보다도 하나님과 사람을 지도에서 보여준 방법으로 사랑하는 법을 가르치고 본을 보여, 이제 막 여행을 시작한 이들이 그것들을 잘 누리게 해주는 교회입니다. 건강한 환경에서 식물이 잘 자라는 것처럼, 건강한 영적 공동체에 속해 있으면 우리도 건강하게 자라게 됩니다.

더군다나, 이러한 공동체는 단지 나의 성장을 위할 뿐 아니라, 하나님의 다스림을 세상 속에 어떻게 드러낼 것인지를 함께 고민하는 사람들입니다. 예수 그리스도는 그리스도의 몸이라고 부르는 교회를 통해서 지금도 세상을 회복하기 위해서 일하고 계십니다. 그러므로 이 예수님을 머리로 하는 몸이라고 부를 수 있는 교회 공동체는 하나님의 나라를 이 땅에 드러내는 일을 위해 몸과 마음, 지혜와 모든 자원을 동원해 머리이신 그리스도의 인도를 따라 살아갑니다. 주님과 함께 세상을 회복하는 공동체가 되는 것이지요. 우리는 단지 나의 꿈을 위해 사는 것이 아니라, 우리의 꿈, 아니 그분의 꿈을 분별하고 그 일을 위해서 자신이 발 딛고 있는 삶의 터전에서 구체적으로 살아가는 것입니다. 공동체가 없는 순례자는 홀로 가다 길을 잃거나 지쳐서 넘어지기 십상입니다.

신앙의 단계

이렇게 네 가지 요소를 귀하게 여기며 영적 여정을 시작하면, 우리는 영적으로 자라기 시작합니다. 생물학적으로도 유아기와 아동기, 청년기를 거쳐 결국 장성하여 부모가 되고 그래서 또 아이를 낳고 기르는 것처럼, 영적으로도 우리는 이렇게 성장합니다. 이 책을 읽으면서 재헌신한 사람들은 아마 영적으로 자라다가 어느 시점에서 그 성장이 멈추거나 퇴보한 이들일 것입니다. 하나님만이 우리 마음의 주인이어야 하는데, 다른 것에 마음을 뺏기면 우리의 영적 순례는 길을 잃고 혼란에 빠집니다. 다시 강조하지만, 신앙생활은 우리 속에 오신 하나님으로 말미암아 새로운 삶을 누리는 것입니다. 그러므로 새롭게 시작된 생명을 귀히 여기고 건강하게 자라가야 합니다.

영적 여행은 영적 아이로 시작합니다. 복음의 기본 뼈대를 받아들이고 예수님을 마음에 주인으로 영접하면, 영적 생명이 막 시작된 영적 아이라고 할 수 있습니다. 영적 아이에게 가장 필요한 것은 하나님의 사랑입니다. 하나님이 자신을 얼마나 사랑하시는지, 하나님께 어떻게 사랑을 표현하는지를 배우지 못하면, 영적 아이는 건강하게 성장할 수 없습니다. 이때 공동체는 매우 중요한 역할을 합니다. 예수님을 먼저 받아들인 영적 청년들과 누구보다도 영적 부모들이 이 영적 아이를 돌보아주어야 합니다. 보호하고 양육하고 본을 보이며 성장할 수 있도록 도와주어야 합니다.

영적 아이가 이렇게 하나님의 사랑을 드러내주는 공동

체 안에서, 지도(성경)를 읽고 인도자(성령님)의 뜻을 분별하고 의지하는 법을 배우며 성장하면, 점점 자립심이 있는 영적 청년이 됩니다. 영적 청년은 이제 분명한 자기 정체감이 생겨나서, 자신이 하나님의 사랑을 입은 자라는 사실에 흔들림이 없습니다. 이때부터 자신을 향하신 하나님의 뜻을 찾기 시작하고, 자신의 사명을 조금씩 발견하기 시작합니다. 이런 영적 청년은 영적 동생이랄 수 있는 영적 아이를 돌볼 줄도 알고, 영적 부모인 자신의 리더들을 잘 섬기기도 합니다. 이렇게 건강하게 자라난 영적 청년은 얼마 후 영적 부모가 됩니다.

영적 부모는 다른 사람들이 영적으로 태어날 수 있게 도와주고, 그들이 건강하게 자랄 수 있도록 이끌어주는 사람입니다. 또 영적 청년들이 지금도 일하고 계신 하나님의 놀라운 역사에 참여할 수 있도록 본을 보이며 이끌어 가는 사람입니다. 무엇보다도 영적 공동체를 세워나가며, 이 땅에 하나님의 뜻이 이루어지도록 애쓰는 사람들이라고 할 수 있습니다. 한국 교회에 꼭 필요한 사람이 누구일까요? 건강하고 균형 있는 영적 부모들입니다. 교회를 오래 다닌 사람이 아니라, 어쩌면 목사나 장로, 집사와 같은 직분자보다도 영적으로 성숙한 부모들입니다. 삶의 의미를 찾고 있는 사람들을 도와주어 하나님의 자녀가 되게 해주고, 그들이 성장하여 또 다른 열매를 맺을 수 있도록 재생산할 줄 아는 영적인 부모가 얼마나 소중하고 얼마나 시급하게 필요한지요!

계속되는 우리의 여행

사랑하는 여러분, 우리는 주님을 만나는 날까지 이 영적인 순례를 계속해나갈 것입니다. 흠 많고 부족한 우리 인생을 부르셔서 무조건적인 사랑을 주시고 삶의 목적을 찾게 해주신 하나님의 사랑을 누리며 우리는 살아갑니다. 우리는 하나님의 사랑을 누린 만큼, 우리 자신을 사랑하고 하나님의 관점과 방법으로 성장할 수 있을 것입니다. 또 우리 내면이 안정되고 우리 스스로를 사랑할수록 주변의 이웃과 공동체를 사랑하고 섬길 수 있습니다.

그러면 이런 사람들은 자신을 변화시키고 계신 하나님이 지금 이 세상에서 하고 계신 일에 관심을 갖기 시작하고, 지금도 세상을 치유하고 회복하기 위해서 일하시는 하나님께 마음을 쏟게 됩니다. 하나님이 깨지고 아픈 세상에서 그의 백성, 그의 공동체를 통해서 그분의 다스림을 드러내는 일을 하고 계심을 알고, 어떻게 해서든 자기 자리에서 자신의 몫을 찾아 감당하고 싶은 꿈이 생깁니다. 그래서 세상과 교회에서 자신의 역할을 찾아, 자신을 이끄시는 하나님을 따라 우리의 여행을 계속합니다.

그럴수록 우리는 하나님의 사랑을 개인적으로 알아가고, 적지 않은 난관과 혼란을 경험하면서도 그분을 의지해서 그 높은 산과 깊은 골, 거친 광야를 걸어갑니다. 그래서 우리 삶에는 하나님의 사랑으로 인한 사연이 쌓여가고, 하나님을 따라 산 만큼, 하나님의 뜻이 내 인생과 우리 주변에서 이루어지는 것을 보게 됩니다.

아! 이 얼마나 놀라운 인생입니까? 흠 많고 부족한 우리를 부르셔서 이 놀라운 삶을 살게 하시는 하나님의 사랑은 얼마나 깊고도 놀랍습니까? 이제 이 놀라운 길을 걸어가기로 결단하신 여러분, 여러분도 이 길을 열심히 걸어가셔서, 또 다른 사람들의 안내자가 되어주십시오. 겉으로는 아무 문제가 없어 보이지만, 크고 작은 상처와 삶의 혼란으로 내면의 어려움을 겪고 있는 우리 주변의 귀한 친구, 친지, 동료, 가족들이 이 모든 문제를 근원적으로 해결하시는 예수님을 만날 수 있도록 좋은 디딤돌이 되어주십시오.

저는 이 책을 통해서 여러분을 만날 수 있어서 너무 감사했습니다. 언젠가 우리 모두가 얼굴을 맞대고 만나 자신이 걸어온 사연 많은 여행길을 이야기하며, 우리의 남은 여행길을 서로 격려할 수 있는 기회가 있기를 기대합니다. 이 땅에서 이런 만남이 없다 할지라도, 이 깨진 세상이 완전히 회복되는 세상에서 우리가 걸었던 삶의 여정을 나누게 될 날이 있기를 기대합니다. 그 날이 올 때까지 모두들 강건하십시오.

나눔 질문

1. 당신이 만약에 '탐구'를 택했다면, 어떻게 예수님에 대해서 더 알아갈 계획을 세우겠습니까?

2. 당신은 영적 성장을 위한 필수 요소 네 가지를 어떻게 실제적인 삶에서 누리겠습니까?

3. 당신은 지금 영적 아이, 청년, 부모 중 어디에 이르러 있습니까? 지금 당신이 꿈꾸는 영적 여정은 어떤 것입니까? 하나님은 어떻게 우리로 이 꿈을 이루게 하실 것이라고 생각하십니까? 또 우리는 어떻게 그분을 따를 수 있을까요?

4. 예수님의 중심 가르침은 '하나님나라의 복음'입니다. 이 중요한 사상의 근간을 풀어놓은 책이 《청년아, 때가 찼다》(김형국, 죠이출판사)입니다. 마가복음을 공부하며 함께 읽어나가면, 예수님의 가르침 위에 인생을 견고하게 세울 수 있을 것입니다.

에필로그

'하나님나라 복음'으로 열린 길

심오한 이야기를 단순하게 풀어쓰는 것은 쉽지 않고 또 위험한 일이기도 합니다. 성경 66권이 전하려는 메시지, 다른 누구보다 예수님이 선명히 전하려고 하셨던 이 메시지를 이렇게 일곱 번의 이야기로 풀어놓는 일을 마감하면서, 깊은 감사와 함께 약간의 염려도 느낍니다. 우선은, 제가 40년 전 처음 이해했던 것보다 더욱 깊고 심오한 분, 알면 알수록 신비의 영역이 더욱 커지는 하나님을 여러분에게 소개했다는 자랑스러운 감사가 있습니다. 그렇지만 다른 한편으로는 복음을 너무 단순화하거나 피상적으로 전달한 것은 아닌가 하는 염려도 있습니다.

저는 이 작은 책에서 하나님이 우리 모두에게 주시기 원하시는 것을 '풍성한 삶'(요한복음 10:10)이라고 설명했습니다. '풍성한 삶'으로 대표되는 성경의 핵심 진리는 우리가 예수 그리스도 안에 속하면서 누리게 되는 축복을 뜻합니다. "예수 그리스도 안에 있게 되었다"는 바울 식 표현을 사도 요한은 "영생을 이미 얻어 누리며 살아간 다"라고도 표현합니다. 예수님은 동일한 내용을 마태, 마 가, 누가복음에서 이렇게 말씀하십니다. "이미 임한 하나 님나라의 백성이 되어서 온전하게 임할 하나님의 나라를 기다리며 살아가라."

하나님이 인간을 위해서 행하신 놀라운 일은 다양하게 표현됩니다만, 한 가지 동일한 영적 진리를 우리에게 알 려줍니다. 우리가 주인이 되어서 살던 삶에서, 하나님이 주인이 되시는 삶을 살기 시작하였다는 것입니다. 이 세 상의 다스림을 따라 사는 사람들이 아니라 하나님의 다 스림을 받으며 사는 사람들이 되었다는 것입니다. 이것 이 예수님이 전하신 하나님나라의 핵심 가르침입니다. 예수님은 우리가 이 하나님의 다스림 아래에서 살 수 있 는 길을 열어주시기 위해서 십자가에서 우리를 대신해서 죽으셔서, 우리가 하나님의 심판을 두려워하지 않고 하 나님나라의 사랑받는 백성이 되게 하셨습니다. 이것이 바로 예수가 전하신 복음이며, 예수님이 행하신 가장 중 요한 사역이었습니다. 십자가에서 죽으신 예수는 부활하 셨는데, 그의 부활은 하나님나라가 시작되었다는 역사의 신호탄이었습니다.

저는 이 일곱 번의 이야기를 통해서, 이 예수님이 가르치고 살아내며 보여주신 '하나님나라의 복음'을 가능한 한 많은 이들이 이해할 수 있도록 설명하려고 애를 썼습니다. 이제 하나님이 행하신 놀라운 일의 대강을 알려드리고 나니, 제 마음속에 간절한 소원이 생깁니다. 그것은 이제부터 하나님이 이 깨진 세상을 위해 행하신 놀라운 구원의 이야기, 예수 그리스도를 통해서 가르치시고 보여주신 하나님나라의 이야기를 여러 길벗들이 조금씩 더 깊이 알아가고, 그럼으로써 더욱 온전하게 누리게 되는 것입니다. 예수님의 가르침은 단순하여 우리 모두가 이해할 수 있지만, 너무도 심오하여 평생에 걸쳐 알아가고 누리게 되기 때문입니다.

제게 있어 인생은 진실한 질문에 답을 찾아가며, 그 답을 누리는 여행과도 같습니다. 방향도, 답도 없어 헤매거나, 여기저기 그때그때의 상황과 기분에 따라 방랑하는 삶이 아니라, 조금씩 더 선명해지는 인생길을 걷는 여행과도 같습니다. 그래서 나이 들어가는 것이 한편 행복하기도 합니다. 걸어온 길을 되돌아보면 감사하고, 이 길을 계속 걸어가면 되겠다는 안도감을 느낍니다. 이 길에서

천지 만물을 만드신, 아니, 무엇보다도 나를 이 세상에 보내신 하나님을 만나고, 그분의 마음을 알아갑니다. 감히 그분과 함께 걷고 있다고 믿으며, 그분으로 인해 세상 만사가 제대로 읽히고 제대로 살게 되는 풍성한 삶을 누리고, 종국에는 그분을 희미하게가 아니라 얼굴을 맞대고 보는 것처럼 알게 될 날을 기다립니다.

이 여행길에 앞서거니 뒤서거니 하며, 깨지고 아픈 세상이지만 아름다움과 선함을 함께 만들어가며 살아갑시다. 그리고 이 여행길에서 여러 길벗들을 조우하는 축복을 누리게 되면, 각자가 걸어온 이야기를 나누며 기뻐하고 격려합시다. 일곱 이야기의 끝 글(에필로그)을 닫으며, 아프지만 아름답기도 한, 우리 앞에 펼쳐진 여행길을 바라봅니다.

오늘따라 가을 하늘이 깊고 선명합니다.

부록

'찾는이'를 위한 추천도서

《유혹하는 글쓰기》의 저자 스티븐 킹은 "쉬운 답이 항상 옳은 것은 아니다"라고 했는데, 항상 좀 더 쉬운 해결책을 찾기에 급급한 우리의 모습에 경종을 울려줍니다. 인생의 중대한 결정을 손쉽게 해결하려 하지 않았으면 좋겠습니다. 여기에 적절한 조언자가 있는데, 바로 책입니다. 나와 똑같은 고민은 아니어도 그 고민의 지평은 비슷하지 않을까 싶습니다. 이전 사람들이 가졌던 의문과 회의가 내 문제를 해결하는 단초가 될 수 있습니다.

기독교가 말하는 복음의 정수를 알고자 한다면 무엇보다 먼저 성경을 읽는 게 좋습니다. 성경에 '대한' 책보다 성경을 읽으십시오. 앞에서 이야기한 것처럼, 먼저 가장 짧고 일찍 기록된 〈마가복음〉으로 시작하는 게 좋습니다. 예수님의 가르침을 집중적으로 읽고 싶다면 〈마태복음〉을, 하나님과 예수님이 어떤 분인지를 알고 싶다면 〈요한복음〉을, 예수님의 오심부터 초대교회가 성장하고 전 세계로 확장되는 과정을 보고 싶다면 〈누가복음〉과 〈사도행전〉을 같이 읽으면 좋습니다.

그런데 성경에도 다양한 종류가 있어서 어떤 번역본으로 보느냐가 중요합니다. 성경을 처음 읽는 독자들은 〈새번역〉(대한성서공회)이나 《쉬운성경》(아가페), 혹은 유진 피터슨이 번역한 《메시지》(복있는사람)로 읽는 것이 편합니다. 성경과 함께 '성경사전'이나 '성서지도'를 보면 본문 이해에 많은 도움을 받을 수 있습니다.

책을 읽는 게 부담스럽다거나 시간이 없다는 사람들이 많은데, 그런 독자들에게 적절한 책이 있습니다. IVP에서 나온 소책자 시리즈가 그것인데, 부담 없는 가격에 판형도 아주 작고 페이지도 얼마 되지 않아 이동 중이나 짬 나는 시간에 충분히 읽을 수 있습니다. 하나님과 단절된 인간이 십자가의 구원을 받아들이고 그리스도인이 되는 구체적인 과정을 보여주는 《그리스도인이 되는 길》(존 스토트), 인간의 마음 깊숙한 곳에 자리한 사랑받고 싶어 하는 마음을 잘 설명하고 있는 《참 사랑은 그 어디에》(마쓰미 토요토미), 복음의 내용을 모두 전해 듣고 이해한 후에도 선뜻 그리스도인 되기를 꺼려하는 사람들을 위한 《결단의 찰나》(마이클 그린), 예수님의 부활 증거를 압축해 정리한 《부활의 증거》(노먼 앤더슨), 인간이 그토록 갈망하는 자유의 참된 정의를 내려주는 《참 자유를 찾아서》(찰스 험멜), 하나님이 그리스도를 통해 비천한 인간의 자리로 내려오신 사건을 비유로 설명한 《거지인가 왕자인가》(로버트 멍어) 등이 좋습니다. 이 외에도 예수님을 삶의 주인으로 모시고 산다는 게 어떤 것인지를 시각적으로 설명한 《수레바퀴 예화》(네비게이토), 하나님과 우리의 관계를 우화로 쉽게 설명한 글로리아 J. 에반즈의 《담》(비아토르), 그리고 자신의 권리를 하나님께 드리는 원리를 삶에 적용할 때 어떤 갈등을 겪게 되는지를 보여주는 《파인애플 스토리》(나침반)도 읽어볼 만합니다.

가벼운 대화로 여정을 시작하려면 《예수와 함께한 저녁식사》(데이비드 그레고리, 포이에마)를 읽어보십시오. 자신의 꿈과 삶의 목적마저 잊은 채 살아가던 평범한 샐러리맨 닉이 어느 날 '나사렛 예수'라는 사람으로부터 저녁식사 초대장을 받는 것으로 시작하여,

찾는이들이 가져봄직한 다양한 질문과 대화를 경쾌하게 소개합니다. 《차마 신이 없다고 말하기 전에》(박영덕, IVP)는 기독교 신앙으로 다가가는 데 있어서의 장애물들과, 기독교가 말하는 신과 구원에 대해 쉽게 설명해줍니다. 대표적인 기독교 변증서로 자리매김한 이 책은 신에 대한 지적인 의문을 가진 사람, 무신론자들에게 적절한 도움을 줄 것입니다.

복음이 한 사람의 생각과 삶을 어떻게 변화시키는지를 지켜보는 것보다 더 흥미로운 일은 없습니다. 탁월한 복음주의 지도자 존 스토트의 회심기 《나는 왜 그리스도인이 되었는가》(IVP)는 예수님을 받아들일 수밖에 없었던 이유들을 들려줍니다. 그는 그 이유가 하나님이 자신을 발견하셨기 때문이고, 기독교 신앙이 진리이기 때문이며, 인간성의 중심에 있는 역설에 대한 해답과 진정한 자유가 오직 그리스도 안에만 있기 때문이라고 고백합니다. 시간이 된다면 이 책과 함께 20세기 최고의 지성이라는 버트런드 러셀의 《나는 왜 기독교인이 아닌가》(사회평론)를 함께 읽으며 비교해보는 것도 좋겠습니다. 《우찌무라 간조 회심기》(홍성사)는 무교회주의자로 잘 알려진 저자가 '왜' 기독교인이 되었는지가 아니라 '어떻게' 기독교인이 되었는지를 기록한 한 개인의 세심하고도 흥미로운 자기 관찰기입니다. 자신의 방황 시절과 대학에서 만난 친구들과의 이야기를 토대로 쓴, 이력이 아주 독특한 도널드 밀러의 처녀작 《재즈처럼 하나님은》(복있는사람)은 입소문만으로 2년 연속 아마존 베스트셀러에 오른 책으로, 젊은이들의 고민을 유머러스하게, 때론 집요한 물음 속에 담아냄으로써 많은 이들의 공감을 얻었던 책입니다. 문화적인 배경 차이가 거리감을 주기는 하지만 읽어볼 만한 책입니다. 반세기가 넘도록 무신론의 대표적인 옹호자로 활동했던 영국의 철학 교수 앤터니 플루의 《존재하는 신》(청림출판)은 일평생 논리와 증거와 함께 살다 하직한 노철학자가 어떻게 신의 존재를 인정하게 되었는지 보여줍니다. 그가 말하는 신이 기독교에서 말하는 인격적인 신이라기보다는 세계의 창조자이자 모든 것의 원인으로서의 신에 가깝지만, '증거가 이끄는 대로' 정직하게 따라가다 보면 유신론에 투신할 수밖에 없음을 인상적으로 보여줍니다. 한국의 대표적인 지성으로 상징되는, 초대 문화부 장관을 지낸 이어령의 《지성에서 영성으로》(열림원)는 저자의 일기, 강연, 기사와 편지글을 통해 세례를 받기까지의 그의 영적 곤궁함과 마음의 변화 과정을 기록하고 있습니다. 저자의 내적 고민과 갈등에 주목하기보다 그가 세례를 받았다는 것에만 주목하는 점은 좀 안타깝습니다. 20세기 최고의 기독교 사상가라고 일컫는 C. S. 루이스는 기독교 여정에서 한 번은 꼭 만나게 되는 인물입니다. 《예기치 못한 기쁨》(홍성사)과 《순전한 기독교》(홍성사)는 그가 유년 시절의 기독교에서 강고한 무신론으로 떠났다가, 다시 기독교로 돌아오기까지 겪은 영적 순례에 관한 매력적인 기록이자 기독교 신앙의 핵심 내용에 대한 지적인 설득과 변증을 담고 있습니다.

기독교 신앙의 근본을 가장 명쾌하게 설명한 책으로 단연 존 스토트의 《기독교의 기본진리》(생명의말씀사)를 꼽고 싶습니다. '그리스도는 누구인가', '인간의 상태', '그리스도가 하신 일', '인간이 해야 할 일' 등을 4부에 걸쳐 소개하는 이 책은 하나님을 찾는 사람, 자신의 신앙을 새롭게 하기 원하는 사람, 다른 사람을 그리스도께 인도하기 원하는 사람들의 필독서라 할 만합니다. 《행복의 시작,

예수 그리스도》(조현삼, 생명의말씀사)는 창조와 타락한 인간, 그리고 하나님의 구원 계획과 예수 그리스도, 구원과 재림까지 복음의 핵심 내용만 쉽게 이해할 수 있도록 돕고 있습니다. 필립 얀시의 《내가 알지 못했던 예수》(IVP)는 지금까지 다양한 모습으로 묘사되어 온 예수 그리스도의 진짜 얼굴을 보여줍니다. 우리가 그동안 관념화했던 온기 없는 얼굴이 아니라, 우리처럼 이 땅에서 숨 쉬고, 울고 웃으며, 분노했던 진짜 예수님을 생생하게 보여줍니다. 예수님의 중심 가르침은 '하나님나라의 복음'인데, 이 중요한 사상의 근간을 풀어놓은 책이 《청년아, 때가 찼다》(김형국, 죠이선교회출판부)입니다. 하나님나라가 '이미' 임했지만 '아직' 완전하게 임하지 않은 시대를 살고 있는 우리가 어떻게 복음을 살아내야 할 것인지를 고민한 책입니다.

김세윤의 《구원이란 무엇인가》(두란노)는 2천 년 전 유대에서 일어난 예수님의 사건이 왜 우리에게 의미가 있는지와 성경에서 말하는 구원이 어떤 것인지를 잘 설명해줍니다. 또 《새신자반》(이재철, 홍성사)은 하나님부터 시작해 예수님, 성령님, 성경, 기도, 교회, 예배, 그리스도인의 교회생활과 가정생활, '나'라는 인간 존재에 이르기까지, 기독교의 주요한 주제들을 명쾌한 논리와 도전적이고 감동적인 예화와 함께 소개합니다. 조금 인내가 필요하지만 《톰 라이트와 함께하는 기독교 여행》(IVP)도 읽어볼 만합니다. '정의가 왜 필요한가? 왜 그렇게 많은 사람이 영성을 추구하는가? 우리는 왜 친밀한 관계를 갈망하는가? 왜 아름다운 세상을 꿈꾸는가?' 등의 질문이 우리를 하나님의 존재에 대한 신비, 그분이 우리에게 원하시는 것이 무엇인가 대한 질문으로 이끈다고 주장하며, 기독교가 여전히 적실성이 있음을 보여줍니다.

기독교에 대한 부정적인 선입견이나 편견이 있는 독자들에게는 이런 책을 추천하고 싶습니다. 《팀 켈러, 하나님을 말하다》(팀 켈러, 두란노)는 문학, 철학, 역사, 생생한 일상의 대화, 합리적인 논증 등을 이용해서 신의 존재를 믿는 것이 어째서 합리적이면서도 건전한 신념인지를 설명합니다. 비록 번역이 아쉽기는 하지만, 그래도 주목할 만한 저자의 책이니 일독을 권합니다. 영국의 저널리스트로, 성경이 말하는 부활 사건이 한낱 신화에 지나지 않다는 것을 밝히기 위해 시작했다가 나중에는 부활의 허구성이 아니라 진실성을 입증하는 책이 된 프랭크 모리슨의 《누가 돌을 옮겼는가?》(생명의말씀사)는 그리스도의 죽음과 부활에 대해 정확하게 알기 원하는 진지한 독자들에게 꼭 추천하고 싶은 책입니다. 그리고 대학생 때 개인적으로 많은 도움을 받았던 프랜시스 쉐퍼의 책들을 읽어보라고 추천합니다. 지금은 두 출판사에서 그의 책들이 전집으로 나와 있는데, 한번 씨름해볼 만한 저자입니다. 전 〈시카고 트리뷴〉지의 법률 담당 기자였던 리 스트로벨의 《예수는 역사다》(두란노)와 《특종! 믿음 사건》(두란노)은 각 분야의 가장 권위 있는 학자들과의 직접 인터뷰를 통해 예수님의 역사성과 믿음의 걸림돌이 되는 여러 질문에 대해 명쾌하게 논증합니다. 《변증의 달인》(안환균, 생명의말씀사)은 한국적인 상황에서 제기되는 여러 질문들에 어렵지 않지만 통찰력을 가지고 답을 하고 있습니다.

지면 관계상 여기에 다 싣지 못한 다른 책이 많습니다. '길을 찾는 이들' 홈페이지(www.imseeker.org)에 있는 '여행안내서'를 참고하십시오. 톰 라이트가 어느 책에서 이렇게 조언한 적이 있습니다. "그저 음악만 듣지 말고, 악기를 하나 마련해 연주해보고, 오케

스트라를 찾아가 가입하십시오." 자신에게 맞는 공동체를 찾을 때 더 많은 도움과 지혜와 격려를 얻을 수 있습니다.